PETER STRAUCH
LEBEN DAS KREISE ZIEHT

Vom 3.—8. Juni 1976 trafen sich in Essen über 11 000 junge Christen. Sie kamen aus Kirchen, Freikirchen und Gemeinschaften. In zahlreichen Seminaren und Gruppengesprächen schulten sie sich für das missionarische Leben. An den Vormittagen trafen sie sich u. a. zur einstündigen Bibelarbeit.
Die vorliegende Bibelarbeit wurde von Peter Strauch in den Hallen 3 und 4 vor ca. 6000 Jugendlichen gehalten. Sie wurde nur wenig verändert, um die Lebendigkeit des Vortrags beizubehalten. Für die Arbeit in der Gruppe wurde der Text mit Kennworten und Versangaben am Rand versehen. Außerdem folgen nach jedem Abschnitt einige Fragen für das Gruppengespräch. Ebenso läßt sich das Buch zum persönlichen Studium verwenden (siehe: Persönliche Fragen). Es bietet sich auch für die Bibelarbeitsreihe einer Freizeit und als Gesprächshilfe für Hauskreise an. Alles in allem eine praktische Hilfe für das persönliche Christsein.

Peter Strauch

LEBEN DAS KREISE ZIEHT

CHRISTIVAL-BIBELARBEIT
JOHANNES 15

REINHARD KAWOHL WESEL
VERLAG FÜR JUGEND UND GEMEINDE

Taschenbuch-Bestell-Nr. RKW 307

Verlag für Jugend und Gemeinde

Titelfoto: R. Steinbring
Umschlaggestaltung: RKW
ISBN 3 - 88087 - 307 - 0
Gesamtherstellung:
St.-Johannis-Druckerei C. Schweickhardt
Lahr-Dinglingen
Printed in Germany 14784/1976

INHALT

KREISE ZIEHEN 9

I. DER KERN EINES LEBENS, DAS KREISE ZIEHT 13
Johannes 15, 1—8

1. Übersetzung des Bildes 15

2. Der Auftrag deines Lebens 17
Persönliche Fragen 22
Gruppenfragen 22

3. In Jesus Christus bleiben 23
a) Bleibe im Bewußtsein seiner Gegenwart 24
b) Bleibe in seinem Wort 28
c) Bleibe in der reinigenden Pflege des Vaters 31
Persönliche Fragen 33
Gruppenfragen 33

4. Warnlichter 33

5. Motivation 37
Persönliche Fragen 40
Gruppenfragen 41

II. DIE AUSSTRAHLUNG EINES LEBENS, DAS KREISE ZIEHT 42
Johannes 15, 9—17

1. Lebe die Liebe 44
a) Lebe die Liebe in deiner Gesellschaft 46
b) Lebe die Liebe in deiner Gruppe 48
c) Lebe die Liebe bis zur Selbstaufgabe 52

Persönliche Fragen 54
Gruppenfragen 54

2. Die Quelle der Ausstrahlung 55
a) Jesus Christus hat dich angenommen 56
b) Orientiere dich an der Liebesbeziehung zwischen Jesus und dem Vater 59
c) Du gehörst zum Freundeskreis Jesu 62
Persönliche Fragen 64
Gruppenfragen 65

3. Die Zusagen Jesu 66
a) Jesus sagt dir Frucht zu 66
b) Jesus sagt dir Gebetserhörung zu 67
c) Jesus sagt dir Freude zu 68
Persönliche Fragen 71
Gruppenfragen 71

III. DIE ANFECHTUNG EINES LEBENS, DAS KREISE ZIEHT 73
Johannes 15, 18—25

1. Christ und Welt 76

2. Dein Auftrag in der Welt 78

3. Anfechtung durch die Welt 81

4. In der Anfechtung geborgen 86
Persönliche Fragen 89
Gruppenfragen 90

IV. KONSEQUENZ 92

Vorschlag für eine Schulungsreihe (Freizeiten, Hauskreise, Mitarbeiterstunden, Jugendgruppen, Bibelkreise, etc.):

1. Stunde: I 1. u. 2.
2. Stunde: I 3.
3. Stunde: I 4. u. 5.
4. Stunde: II 1.
5. Stunde: II 2.
6. Stunde: II 3.
7. Stunde: III

Jede Stunde schließt mit den „Persönlichen Fragen" und den „Gruppenfragen". Beachte auch Hinweise unter „Kreise ziehen".

KREISE ZIEHEN

Schlüssel zum Inhalt

Es ist erstaunlich. Mit einer Handvoll Menschen fing es an. Es begann in Jerusalem. Aber es blieb nicht dort. Das Evangelium zog Kreise. Warum? Weil einige Menschen von Christus sprachen, und weil sie in der Kraft des Heiligen Geistes lebten. Vor allem deshalb! Es waren kaum Theologen. Niemand von ihnen war rhetorisch geschult. Sie kamen aus den verschiedensten Berufen und Gesellschaftsschichten. Sie hatten kein missionarisches Programm. Das Zeugnis von Jesus Christus war ihr Lebensstil. Man nahm ihnen ab, was sie glaubten. Oder man regte sich auf. Auf jeden Fall nahm man sie ernst. Sie begannen ein neues Leben. Sie wurden Christen, die wieder andere mit der Liebe Gottes angriffen. So wurden die Kreise immer größer.
Und heute?
Ziehen die Christen noch Kreise? Ja! — Aber nicht alle. Manche ziehen bloß Leine. Sie resignieren. Sie kommen mit dem neuen Leben nicht zurecht. Ihr Glaube lockt keinen Hund hinter dem Ofen hervor. Woran liegt das? Fehlt ihnen die missionarische Schulung? Das wäre möglich. Brauchen sie methodische Hilfen? Vielleicht. Aber vor allem brauchen sie geistliches Leben, das Kreise zieht. Und das ist zunächst kein methodisches Problem.

Die ersten Christen wurden von Jesus geschult. Er bereitete sie auf ein expansives Leben vor. Sie wurden angeleitet und ausgerüstet für ein Leben, das Kreise zieht.
Doch das ist kein Sondergut der Antike. Hier werden keine Starthilfen gegeben, die heute überholt sind. Unser Herr ist derselbe geblieben, und er wird es immer bleiben. Der Heilige Geist wirkt nach wie vor. Und der Mensch braucht Gott so dringend wie eh und je.
Jesus Christus schult nach wie vor seine Leute. Seine Worte wurden festgehalten. Sie stehen im Mittelpunkt dieses Buches. Sie standen auch im Mittelpunkt der Bibelarbeiten auf Christival. Deshalb lesen Sie jeweils den Bibeltext mit. Sprechen Sie mit Gott darüber, und lassen Sie sich für ein expansives Christsein gewinnen.
Einige Tips zur Erarbeitung:

1. Lesen Sie einen Abschnitt.
2. Sprechen Sie mit Gott darüber.
3. Beantworten Sie die ‚Persönlichen Fragen'.
4. Sprechen Sie in der Gruppe (falls vorhanden) über die Gruppenfragen, und lassen Sie die Beantwortung der ‚Persönlichen Fragen' mit einfließen.
5. Schließen Sie das Gespräch mit einer Gebetsgemeinschaft.

Übrigens ist der folgende Text mit dem vertraulichen „Christival-Du" geschrieben. Ich hoffe, Sie nehmen mir diese Anrede nicht

übel. Aber das Du auf Christival war keine plumpe Masche, um Kontakte zu knüpfen. Es war ganz einfach Ausdruck einer guten Gemeinschaft. Laßt uns in diesem Sinne DU sagen. Außerdem lassen sich persönliche Dinge des geistlichen Lebens auch besser mit dem DU bereden.
Und nun wird es darauf ankommen, daß Gott dieses Buch gebraucht. Das ist mein Wunsch. Darüber habe ich mit ihm gesprochen. Denn wir brauchen keine Christen, die sich ängstlich einigeln. Wir brauchen Christen, deren Leben Kreise zieht, und die kann nur der Geist Gottes in Bewegung setzen.

Witten, im Juli 1976

Peter Strauch

I. DER KERN EINES LEBENS, DAS KREISE ZIEHT

Johannes 15, 1—8

Ich bin der rechte Weinstock, und mein Vater der Weingärtner. (2) Eine jegliche Rebe an mir, die nicht Frucht bringt, wird er wegnehmen; und eine jegliche, die da Frucht bringt, wird er reinigen, daß sie mehr Frucht bringe. (3) Ihr seid schon rein um des Wortes willen, das ich zu euch geredet habe. (4) Bleibt in mir und ich in euch. Gleichwie die Rebe kann keine Frucht bringen von sich selber, sie bleibe denn am Weinstock, so auch ihr nicht, ihr bleibet denn in mir. (5) Ich bin der Weinstock, ihr seid die Reben. Wer in mir bleibt und ich in ihm, der bringt viel Frucht; denn ohne mich könnt ihr nichts tun. (6) Wer nicht in mir bleibt, der wird weggeworfen wie eine Rebe und verdorrt, und man sammelt sie und wirft sie ins Feuer, und müssen brennen. (7) Wenn ihr in mir bleibet und meine Worte in euch bleiben, werdet ihr bitten, was ihr wollt, und es wird euch widerfahren. (8) Darin wird mein Vater verherrlicht, daß ihr viel Frucht bringt und werdet meine Jünger.

In einer Evangelisation wird jemand Christ. Man gibt ihm ein Johannes-Evangelium und empfiehlt ihm, darin zu lesen.

Das geschieht sehr oft. Viele halten das Johannes-Evangelium für die beste Einführung in Glaubenssachen, die junge Christen bekommen können. Andere meinen, gerade dieses biblische Buch sei für unerfahrene Christen zu schwer.

Aber ganz gleich, welcher Meinung man sich anschließt, Tatsache ist, daß das Johannes-Evangelium zu den bekanntesten biblischen Büchern zählt. Die meisten auswendig gelernten Schriftstellen sind diesem Buch entnommen. Die Aussagen, die Jesus darin über sich selbst macht (Ich bin . . .) und andere Kernworte des Evangeliums, gehören zu den bekanntesten Bibelstellen überhaupt.

Johannes-Evangelium = hoher Bekanntheitsgrad

Dazu gehört mit Sicherheit auch das 15. Kapitel. Sollte man es deshalb zur Seite legen? Auf keinen Fall! Der hohe Bekanntheitsgrad spricht für diesen Text. Er scheint besonders wichtig zu sein. Hinzu kommt, daß gerade die Dinge, die uns gut bekannt sind, leicht übersehen werden. Wer hat das noch nicht erlebt, daß uns Freunde auf Besonderheiten in der häuslichen Umgebung hinweisen, die wir bisher nicht beachtet hatten?!

Heiliger Geist = Schlüssel zum Text

Daher sind wir darauf angewiesen, daß der Geist Gottes nun zum Schlüssel wird, der uns diesen vertrauten Text aufschließt.

1. Übersetzung des Bildes

Um das Bild, das Jesus hier gebraucht, richtig zu verstehen, müssen wir zunächst einige wichtige Einzelheiten klären.

Weingärtner

Da ist zunächst einmal der Weingärtner oder — wie wir heute sagen — der Winzer. Er ist der Besitzer des Weinbergs. Er möchte, daß sein Weinberg möglichst ertragreich ist. Aus diesem Grunde pflegt er ihn. Er schneidet verdorrte Rebzweige ab und beseitigt alles, was der Frucht im Wege steht. Sein Ziel ist es, daß der Lebenssaft möglichst ungehindert in die Trauben dringt, damit sie wachsen und reifen können. Zum Aufgabenbereich des Weingärtners gehört natürlich auch die Ernte. Sie ist das eigentliche Ziel seiner Arbeit.

Weinstock

Dann ist da der Weinstock. Er wird in Palästina — ähnlich wie bei uns — an den Berghängen gepflanzt. Man legt den Boden dort terrassenförmig an, damit die fruchtbare Erde bei den starken Regengüssen im Winter nicht weggeschwemmt wird. Der Weinstock saugt mit seinen knorrigen Wurzeln das Wasser aus der Erde und leitet es weiter zu den Reben.

Reben

An den Reben wächst die eigentliche Frucht. Sie sind die organische Verbindung zwischen den Trauben und dem Weinstock. Der Weinstock selbst bringt keine Frucht hervor. Ebenso liegt aber auch die eigentliche Bedeutung der Rebe im Weinstock.
Ohne ihn wäre sie fruchtlos und würde sehr schnell vertrocknen.

Es ist wichtig, daß wir uns diese Zusammenhänge zunächst vertraut machen. Sonst sind wir nicht in der Lage, das Bild richtig zu übersetzen.

Mein Vater ist der Weingärtner

Nun sagt Jesus: Mein Vater ist der Weingärtner (Vers 1). Gott selbst also ist der Besitzer, der den Weinberg pflegt und seine Früchte erntet. Überlegen wir, was das heißt!

Frucht ist neues Leben. Wenn Gott Frucht will, will er also Vermehrung des Lebens. Dabei muß man sich bewußt machen, in welcher Weise die Bibel vom Leben spricht. Gerade bei Johannes lebt nur, was mit Gott verbunden ist. Wer nicht zu Gott gehört, hat auch kein Leben. Dabei wird der Begriff „Leben" unabhängig vom physischen Leben gebraucht. So kann Johannes auch von lebenden Menschen behaupten, daß sie ohne Gott tot sind. Und Jesus sagt, daß Menschen, die mit Gott verbunden sind, leben, auch wenn sie sterben.

Bedeutung des Lebens
1. Joh. 5, 12

1. Joh. 3, 14
Joh. 11, 25

Die Bildrede, Johannes 15, sagt also: Gott will Leben. Er will Menschen, die mit ihm verbunden sind. Das ist sein eigentliches Ziel. Deshalb sandte er seinen Sohn Jesus in die Welt. Deshalb reinigt und pflegt er seine Gemeinde. Gott will, daß das Feld des Todes verkleinert und das Terrain des Lebens vergrößert wird.

1. Tim. 2, 4
Joh. 3, 16

Jesus ist der Weinstock

Jesus selbst ist der Weinstock (Vers 1). Er saugt den Lebenssaft aus dem Boden Gottes und leitet ihn an seine Gemeinde weiter. Ohne ihn hätten die Christen keine Lebenschance. Es gäbe keine Gemeinde. Und so, wie der Weinstock die Rebzweige benutzt, um Frucht zu bringen, so handelt Jesus in der Welt durch seine Gemeinde. Als er zum Vater zurückkehrte, gab er ihr den Auftrag, Zeuge seiner Liebe zu sein. Deshalb sagt Paulus: „Wir sind Botschafter an Christi statt." **2. Kor. 5, 20**

Wenn du Christ bist, dann will Jesus Christus durch dich und durch dein Leben seine Arbeit tun.

Damit rücken wir selbst ins Blickfeld. „Ihr seid die Reben" (Vers 5). Mach dir klar, was das heißt! Natürlich galt dies Wort zunächst dem damaligen Jüngerkreis. Aber schon in Johannes 17 bittet Jesus für die, die durch das Wort der Jünger zum Glauben an ihn kommen. Damit sind wir eingeschlossen. Du! Ich! Wir sind Reben. Als Rebzweige brauchen wir engste Verbindung mit Jesus, um Frucht zu tragen. Sonst wird unser Leben auch nicht die kleinste Traube hervorbringen. Damit kommen wir zu einem der Brennpunkte des Kapitels.

Ihr seid die Reben

Joh. 17, 20

2. Der Auftrag deines Lebens

Ich setze voraus: Du hast ein neues Leben mit Jesus Christus begonnen und folgst ihm nach. Du weißt, daß dein Leben Gott gehört. Was dann?

Dann bist du Rebe. Du lebst also, um neues Leben hervorzubringen. Das ist nach Johannes 15 der eindeutige Sinn und Zweck deines Lebens. Damit bist du in das missionarische Programm Gottes eingespannt. Manche Chri-

Du bist Rebe

Berufung zum missionarischen Dienst

sten warten auf eine Berufung. Warum eigentlich? Gott hat in der Bibel eindeutig seine Absicht mit uns formuliert. Wir sind Salz. Wir

Matth. 5, 13. 14

sind Licht. Wir haben den Auftrag, Menschen mit der guten Nachricht Gottes bekannt zu machen. Wir sind Zeugen und sollen weiterge-

Matth. 28, 19
Apg. 1, 8

ben, was wir mit Christus erlebt haben. Gibt es einen Grund, auf die Berufung zur missionarischen Arbeit zu warten? Nein! Jeder Christ ist beauftragt, Bote Gottes zu sein und Menschen ins Leben zu rufen. Gott beruft an den richtigen Platz. Aber die Berufung zum missionarischen Dienst hat er längst ausgesprochen.

Warnung vor Klischee-vorstellungen

Natürlich müssen wir uns hier vor Klischeevorstellungen hüten. Nicht nur d e r arbeitet missionarisch, der auf einer evangelistischen Kanzel steht. Und nicht nur d e r ist ein guter Zeuge Jesu, der in der Fußgängerzone einer Großstadt den Menschen Christus bezeugt. Die Einsatzorte Gottes sind vielfältig und richten sich nach dem jeweiligen Platz, den Gott für einen Menschen hat. Auch d e r sorgt für neues Leben, der die Gabe bekommen hat, junge Christen weiterzuführen. Und auch d e r arbeitet missionarisch, der andere für die mis-

2. Tim. 2, 2

sionarische Arbeit schult.

Es geht also nicht so sehr um das, was offensichtlich missionarisch zu sein scheint, als vielmehr um eine missionarische Grundausrich-

Missionarische Grund-ausrichtung

tung. Die Gemeinde Jesu existiert nicht, um ihre Grenzen zu wahren, sie lebt um die Grenzen weiter zu stecken. Das Normale ist Expansion, Ausweitung des Lebens. Und in diesen Prozeß bist du als Christ eingespannt. Daran bindet sich deine Existenzberechtigung.

Frucht ist nicht frommer Aktivismus

Nun ist es überhaupt keine Frage, daß eine lebendige Rebe auch Frucht bringt. Ob du eine lebendige Rebe am Weinstock Gottes bist, läßt sich nicht an deiner christlichen Aktivität ablesen. Ich frage dich nicht, wieviel Abende in der Woche du besetzt hast. Ob du ein lebendiger Christ bist, läßt sich nicht an deiner Terminnot und der damit verbundenen Erschöpfung ablesen. Wir müssen tiefer ansetzen, wenn wir die Frage nach der Frucht richtig beantworten wollen. Hier geht es um die geistliche Kraft deines Lebens.

Die Frage nach der geistlichen Kraft

Vor einigen Jahren traf ich eine alte Missionarin, der ich im Blick auf mein geistliches Leben entscheidende Hilfen verdanke. Nachdem wir einige Sätze miteinander gesprochen hatten, fragte sie mich: „Sag, sind durch dein Leben schon Menschen zum Glauben an Jesus Christus gekommen?" Ich weiß noch gut, wie mich diese Frage traf. So direkt hatte mich das noch niemand gefragt.

Nun läßt sich die Fruchtbarkeit eines Christen sicher nicht unbedingt an der Zahl der Bekehrungen ablesen. Es gibt Christen, die säen, und wieder andere ernten. Und doch ist es gut, sich einmal die Frage nach der Frucht zu stellen.

Frucht ist nicht Leistungserfolg

Aber jetzt dürfen wir keinen Fehler machen. Es geht um Frucht und nicht um Leistung. Hier gibt es immer wieder große Mißverständnisse.

An keiner Stelle des 15. Kapitels bei Johannes begegnet uns die Aufforderung: Ihr sollt Frucht bringen! Die Frucht ist Zusage: „Wer in mir bleibt und ich in ihm, der bringt viel Frucht" (Vers 5). Wir haben also nicht den Auftrag Frucht zu bringen, sondern in Jesus zu bleiben. Bleibt jemand in Jesus Christus, dann bringt sein Leben auch Frucht. Das ist nach der Aussage Jesu nicht anders möglich.

Funktion der Rebe

Machen wir uns die Funktion der Rebe noch einmal bewußt: Sie ist auf der einen Seite mit dem Weinstock verbunden. Auf der anderen Seite wachsen und reifen die Trauben. Die Aufgabe der Rebe liegt einzig und allein darin, den Lebenssaft möglichst ungehindert vom Weinstock in die Trauben zu leiten. Die Rebe bringt also keine Frucht hervor, sie trägt sie. Sie steht nicht unter Leistungsdruck. Sie ruht im Weinstock. Francis Schaeffer spricht von

Aktive Passivität

„Aktiver Passivität". Ich muß aktiv passiv in Jesus Christus bleiben. Weniger kompliziert heißt das: Ich bleibe unter allen Umständen mit Jesus verbunden. Dann wird er durch mich wirken und Kreise ziehen.

Aufatmen

Wer das begreift, atmet auf. Ich kenne viele Christen, die mit einem mulmigen Gefühl in der Magengegend herumlaufen. Fragt man sie nach dem Grund, so kommt folgendes heraus: Sie wissen, daß sie Frucht tragen müssen. Und nun kämpfen sie nach allen Regeln der Kunst gegen die Welt der Finsternis, um ihr wenigstens einige Früchte abzujagen. Wie falsch ist das! Was soll der Kampf?! Frucht kann man doch nicht machen. Außerdem sind wir dazu auch nicht beauftragt. Wir haben den Auftrag, in Jesus zu bleiben. Was daraus wird, ist Gottes Sache. Freunde, wie gut ist das!

Kein Erfolg?

Ich erinnere mich noch gut an meine erste Evangelisation. Abend für Abend predigte ich in einem kleinen Saal von Jesus Christus. Es kamen viele Menschen. Das Haus war voll. Nach der Veranstaltung ging ich in einen kleinen angrenzenden Raum und wartete auf einige, die mit Jesus Christus beginnen wollten. Ich hatte kräftig zu solchen Gesprächen eingeladen. Ich wartete und wartete — niemand kam. (Welcher Evangelist kennt das nicht!) Nach langem Warten ging ich wieder in den Saal zurück. Ich sah die forschenden Augen einheimischer Christen. „Ist jemand zurückgeblieben? Anscheinend nicht. Schade!" Wie töricht war ich doch. Wer zurückblieb und wieviel Gespräche sich anschlossen, das lag doch überhaupt nicht in meiner Hand. Ich hatte das Evangelium in höchster Abhängigkeit von meinem Herrn zu predigen. Was daraus wurde und wird ist Gottes Sache.

Die Frucht ist Gottes Sache

Wer das begreift, lebt anders. Die Verantwortung für die Frucht übernimmt Gott. Mehr noch! Er sagt uns sogar die Frucht zu, wenn wir in der Verbindung mit Jesus bleiben. Doch was heißt das: „bleiben in Christus"? Darüber müssen wir konkret nachdenken.

Persönliche Fragen

1. Wenn du Rebe bist, will der Weinstock (Jesus) dich gebrauchen, um Frucht zu bringen (Botschafter an Christi Statt). Welche Konsequenzen entstehen daraus für dich?
2. Wie setzt du die Schwerpunkte in deiner Mitarbeit (nicht Frucht „machen", sondern in Jesus bleiben)? Welche Korrekturen (zeitlich, physisch, finanziell) ergeben sich durch eine neue Schwerpunktsetzung?
3. Wie groß ist dein Vertrauen auf die Zusage Jesu, daß dein Leben Frucht bringen wird, wenn du in ihm bleibst? Wie stellst du dir diese Frucht vor?

Gruppenfragen:

1. Welche Vorstöße (kurzfristige und langfristige Planungen) unternehmen wir als Gruppe, um in unserer Umwelt geistliches Leben zu vermehren?
2. Welche missionarischen Arbeiten werden von unseren Mitarbeitern permanent getan, und welche Wertmaßstäbe verbinden sich im Bewußtsein unserer Gruppe damit

(Einschätzung der verschiedenen Arbeiten)?
3. Welche Möglichkeiten bietet die Gruppe den Mitarbeitern, geistliche Kraft zu schöpfen, und wie werden sie genutzt?

3. **In Jesus Christus bleiben**

Einseitige Betonung der Bekehrung

Zunächst einmal ist das ein Gebot: „Bleibt in mir" (Vers 4). Wir legen meist sehr viel Gewicht auf den Anfang mit Jesus Christus. Für viele von uns ist die Bekehrung A und O des neuen Lebens. Nun glaube ich auch, daß es ohne Bekehrung und Wiedergeburt keine Christen gibt. Und doch habe ich manchmal Angst, daß wir diese Dinge sehr einseitig betonen.

Weiterführung ist wichtig

Bekehrung und Wiedergeburt bilden den Anfang des neuen Lebens. Aber damit, daß ein Mensch neues Leben bekommt, ist ja nicht alles gelaufen. Meine Frau und ich haben sich sehr auf unsere Kinder gefreut. Wir haben auf die Geburt gewartet. Wir haben alles vorbereitet. Aber als unsere beiden Mädchen geboren waren, haben wir nicht aufgeatmet und gesagt: „Jetzt ist ja alles gut. Die Kinder sind da. Kleidung und Nahrung finden sie. Das Leben werden sie schon kennenlernen." Nein, nach der Geburt ging's erst richtig los. Da wurde gefüttert, gewickelt und geschmust. Die Kleinen wurden gehegt und gepflegt. Es wurde alles getan, um ihnen zu einem guten und gesunden Wachstum zu helfen. Im geistlichen Leben ist das nicht anders. Es stimmt einfach nicht, daß mit der Bekehrung die Arbeit geschafft ist. Es bleiben zu viele junge Christen auf der Strecke. Andere leben zwar weiter in frommen Kreisen, doch ihr geistliches Leben stagniert. Im Leben mit Jesus Christus ist Stillstand ein Rückgang. Das Normale im geistlichen Leben ist Wachstum. Deshalb sagt Jesus: „Bleibt in mir" (Vers 4). Doch was heißt das?

Stillstand ist Rückgang

a) **Bleibe im Bewußtsein seiner Gegenwart**

Wir kommen jetzt in den persönlichen Bereich unseres Christseins. Deshalb laßt uns nicht vorschnelle Antworten geben. Zunächst einmal geht es jetzt nicht um äußere Formen unseres christlichen Lebens, wie: Stille Zeit, Gebet, Bibellesen, Gemeinschaft mit anderen Christen etc.

Es geht nicht um äußere Formen

Damit kein Mißverständnis aufkommt: Ich halte diese Dinge für unerhört wichtig. Christsein ohne Stille Zeit, Bibellesen und Gebet ist unmöglich. Hier liegt ohne Zweifel eine wunde Stelle im Leben vieler Christen. Ebenso brauchen wir eine Gemeinde, in der wir verbindlich Gemeinschaft pflegen. Aber das „Bleibt in mir" setzt tiefer an.

Wir müssen tiefer ansetzen

Viele von uns haben schon an sich selbst beobachtet, daß es möglich ist, zu beten, ohne dabei mit Gott zu sprechen. Ebenso kann ich die Bibel lesen, ohne zu begreifen, daß Gott mich durch den Bibeltext persönlich anspricht. Ich kann also die wichtigsten Dinge des geistlichen Lebens praktizieren (und dazu gehört zweifellos die Stille Zeit), ohne Gott zu begegnen. Das verblüfft geradezu, wenn man es sich ganz bewußt macht. Hier liegt auch der Grund für die Lustlosigkeit mancher Christen, wenn sie sich am Morgen mit der Stillen Zeit abquälen. Wir müssen lernen, im Bewußtsein der Gegenwart Jesu zu leben. Das ist ein wichtiger Schlüssel zum geistlichen Wachstum.

Sichtbare und unsichtbare Wirklichkeit 2. Kor. 4, 18

Die Bibel spricht von einer sichtbaren und von einer unsichtbaren Wirklichkeit. Die sichtbare Wirklichkeit ist durch die Zeit eingegrenzt. Sie hat einen Anfang und ein Ende. Die unsichtbare Wirklichkeit besteht ewig. Wir Menschen leben im sichtbaren Bereich. Wir haben laufend mit Dingen zu tun, die wir sehen, wiegen und bezahlen können. Das prägt unser Denken. Deshalb haben wir Schwierigkeiten, uns die unsichtbare Wirklichkeit unseres Herrn vorzustellen. Theoretisch ist das zwar kein Problem. Natürlich glauben wir an Gott. Aber im alltäglichen Leben sieht das anders aus.

Mach dir die Gegenwart deines Herrn bewußt!

Ich weiß nicht, wo du jetzt sitzt und liest. Aber ich bitte dich, schließe gleich einmal einige Augenblicke deine Augen und denke daran, daß Jesus Christus bei dir ist. Der Herr, der die trauernde Maria am Grab tröstete, und der den beiden Männern auf dem Weg nach Emmaus die Schrift auslegte, ist jetzt in deiner unmittelbaren Nähe. Sei einmal ganz still, schließe deine Augen, und mache dir seine Gegenwart bewußt.

Das hat nichts mit Einbildung zu tun. Damit wird nicht der Vorwurf der Atheisten bestätigt: „Ihr erlebt Gott nur, wenn ihr ihn euch vorstellt. Er ist ein Produkt eurer Phantasie."

Konzentration: Schlüssel zum bewußten Erleben

Nein! Es gibt vieles, was ich erst dann bewußt erlebe, wenn ich mich darauf konzentriere. Dazu ein Beispiel: Du sitzt jetzt vermutlich auf einem Stuhl oder liegst auf einer Liege. Du spürst wie der Stuhl oder die Liege dich trägt. Aber du spürst es jetzt nur, weil ich davon schreibe. Vorher hast du nicht daran gedacht. Folglich hast du deine Unterlage auch nicht gespürt. Das heißt nicht, daß sie vorher nicht da war, das wäre dir schon aufgefallen. Aber die Konzentration auf eine bestimmte Sache hilft dir, sie bewußt zu erleben.

Viele Christen leben gedankenlos

So leben auch viele Christen gedankenlos mit Jesus. Sie wissen, daß Jesus lebt. Sie können Matthäus 28, Vers 20 b, auswendig zitieren. Aber sie denken nicht an ihren Herrn und erfahren ihn auch nicht. Mose lebte mit Gott,

Hebr. 11, 27

den er nicht sah, als sähe er ihn. So sollten auch wir mit unserem Herrn leben.

Das geschieht nicht von heute auf morgen. Wir müssen es lernen. Wenn du morgens wach wirst, denke daran, Jesus ist da. Auf dem Weg zur Schule oder zum Arbeitsplatz, denke an Jesus. Bau dir einige Momente in deinem Tagesablauf ein, in denen du dir die Gegenwart Jesu bewußt machst. Versteh mich nicht falsch.

Es geht nicht um die Realität Jesu. Jesus Christus ist da, ob du an ihn denkst oder nicht. Es geht einzig und allein um die Prägung deines Denkens.

Christen denken nicht immer an Jesus

Nun ist damit nicht gemeint, daß du unaufhörlich mit deinen Gedanken bei Jesus sein sollst. Dann wären die Christen schlechte Geschäftsleute und noch schlechtere Autofahrer. Mancher würde unsanft aus seinen Gedanken aufgeschreckt. Die Christen sollen sich auf ihre Arbeit konzentrieren, wie andere Menschen auch. Aber du wirst die Erfahrung machen, daß die Augenblicke, in denen du dich bewußt mit der Gegenwart Jesu beschäftigst, deinen Tagesablauf prägen. Ein Beispiel: Ich bin glücklich verheiratet und habe meine Frau sehr lieb. Aber ich beschäftige mich in meinen Gedanken nicht unaufhörlich mit meiner Frau. Das wäre gar nicht möglich, da mein Leben auch aus anderen Bereichen besteht, die nichts mit meiner Ehe zu tun haben. Und doch ist mein Tagesablauf von dem Bewußtsein geprägt, eine Frau und zwei Kinder zu haben, die zu mir gehören. Es ist schlimm, wenn Männer das vergessen. Manche Ehe ist daran zerbrochen. Und wenn Ehepartner sich keine Zeit mehr füreinander nehmen, werden sie im alltäglichen Leben die gegenseitige Treue bald vernachlässigen.

Beispiel: Ehe

Jesus im Tagesablauf

Wenn du dir nicht im täglichen Leben die Zeit nimmst, einige Augenblicke an Jesus und seine Gegenwart zu denken, wenn du nicht im Bewußtsein seiner Gegenwart die Bibel liest und mit ihm sprichst, wirst du ihn bald ganz und gar aus den Augen verlieren. Du lebst vielleicht weiter in deiner christlichen Gruppe, besuchst Gottesdienste und Bibelstunden, aber du erlebst deinen Herrn nicht mehr. Auf diese Weise werden die Besuche christlicher Veranstaltungen, wie die Stille Zeit, zu religiösen Pflichtübungen, die auf Dauer frustrieren. Deshalb sagt Jesus: Bleibt in mir. Lebt nicht ohne mich. Lebt im Bewußtsein meiner Gegenwart.

b) **Bleibe in seinem Wort**

Nun ist Bleiben in Jesus mehr als ein schönes Gefühl. Es schließt Gehorsam ein. Jesus spricht, und wir haben zu handeln. Dabei kann es geschehen, daß unser Gefühl dagegen spricht. Die Aufträge Jesu sind nicht immer angenehm. Sie sind oft mit Arbeit, Zeit, Spott und Schweiß verbunden.

Gehorsam, nicht Gefühl!

Hören wir also auf „gefühlvolle" Christen zu sein! Es wird alles darauf ankommen ob wir g e h o r s a m e Christen sind. Hier liegt das Gewicht unserer Jüngerschaft. Mit dem Gehorsam verknüpft Jesus die Erreichung des Zieles. Er sagt: „Warum nennt ihr mich Herr, Herr, und tut nicht, was ich euch sage." Und an einer anderen Stelle: „Es werden nicht alle, die Herr, Herr zu mir sagen, ins Himmelreich kommen, sondern die den Willen meines Vaters im Himmel tun."

Lukas 6, 46

Matthäus 7, 21

Bleiben in Jesus heißt: Ich bin bereit den Willen Gottes zu tun. Deshalb sagt Jesus in Johannes 15: „Bleibt in meinem Wort" (Vers 7). Das bedeutet praktisch: Ich höre vorbehaltlos auf die Bibel. Das gilt für die Stille Zeit, wie für Gottesdienste, Hauskreise und alle anderen Anlässe, bei denen sich Menschen mit der Bibel beschäftigen.

. . . den Willen Gottes tun . . .

Ich betone das deshalb, weil es Christen gibt, die von Gottesdiensten und Bibelstunden alles mögliche erwarten, nur nicht, daß Gott zu ihnen spricht. Sie schauen in den Gemeindebrief und stellen fest, am Sonntag spricht Pastor X. Der ist sehr alt und so furchtbar pastoral. Oder es spricht Pastor Y. Das ist so ein intellektueller, arroganter Typ. Wie soll Gott bei dem überhaupt zum Zuge kommen?! Folglich gehen sie nicht zum Gottesdienst — und wenn sie gehen, dann nur, um den predigenden Pastor auf der Kanzel möglichst bald abzuschießen.

Was erwarten wir vom Gottesdienst?

Ich karikiere, zugegeben, aber ist es nicht manchmal so? Gehst du zum Gottesdienst in Erwartung, einen Auftrag Gottes zu bekommen?

Oder ich denke an den Bibelkreis. In manchen Gemeinden ist er ein Forum für die verschiedensten theologischen Meinungen. Die Experten versuchen clever ihre Meinung an den Mann zu bringen. Die anderen hören mehr oder weniger interessiert zu. Aber wer erwartet schon das Reden Gottes?!

Was erwarten wir vom Bibelkreis?

Gott spricht nach wie vor. Er benutzt dazu

Gott spricht heute! die verschiedensten Formen. Sein Sprechen bindet sich an die Botschaft der Bibel. Und du und ich, wir sollen hören, wie ein Jünger hört. Weißt du, wie ein Jünger hört?

Jes. 50, 4 Er setzt um, was er gesagt bekommt. Er hört nicht nur, er lebt auch danach.

Ich wurde einmal gefragt, wie das mit dem Gehorsam des Christen sei. Wenn er nur das tun dürfe, was Gott sagt, wäre er ja absolut unfrei und könnte seinen Verstand an den Nagel hängen. Wer so spricht, hat Gott nicht verstanden. Gott macht uns nicht zu seiner

Gott macht uns nicht zu Marionetten Marionette, bei der jede Bewegung über dünne Fäden ferngesteuert wird. Gott hat uns zu seinem Gegenüber geschaffen. Er nimmt

Mose 1, 27 uns als Persönlichkeit ernst. Er hat uns unser Denken gegeben, damit wir es gebrauchen. Unser Verstand ist Gabe Gottes.

Doch die Gabe ist nie das Höchste. Darüber steht der Geber. Deshalb schreibt Paulus:

2. Kor. 10, 5 „Wir stellen alle Vernunft unter den Gehorsam Christi.“ Es gibt also keine feststehende Alternative: „Denken oder Gehorsam.“ Aber es kann sie geben, wenn unser Denken sich dem Willen Gottes widersetzt. Wenn wir ehrlich sind, müssen wir zugeben: Unser Denken ist selten der Gegenspieler Gottes. Dahinter stehen wir und unser Egoismus.

Ich habe bei mir folgende Beobachtung gemacht. Ich höre das Reden Gottes. Beim Lesen der Bibel wird mir plötzlich klar, was ich zu tun habe. Doch dann baue ich Filter ein.

Gottes Wort filtern Ich frage beispielsweise: Ist das, was Gott

will, vorteilhaft für mich? Was sagt meine Familie dazu? Macht mir der Auftrag Gottes Freude? Mache ich mich damit lächerlich? Was kostet die Sache (zeitlich, finanziell, physisch)? Was riskiere ich? Und wenn ich das Reden Gottes durch all diese Filter gezwängt habe, bleibt nur noch ein dünnes Rinnsal, das niemand vom Stuhl reißt.
Freunde, es stimmt einfach nicht, daß Gott schweigt und die Zeit der großen Taten Gottes vorbei ist. Was uns fehlt, sind Menschen, die kompromißlos umsetzen, was Gott ihnen sagt. Bleibe im Wort Gottes. Lebe was dein Herr dir sagt, und du wirst erstaunliche Erfahrungen machen.

c) **Bleibe in der reinigenden Pflege des Vaters**

Christen leben nicht problemloser

Vorausgesetzt, du bist ein lebendiger Rebzweig, der in enger Verbindung mit dem Weinstock den Saft an die Trauben weiterleitet. Du bringst also Frucht. Dann glaube nur nicht, daß dein Leben problemlos verläuft. Ich sage das so hart, weil es hier so viele falsche Vorstellungen gibt. Manche Christen meinen, Frucht zeige sich an einem strahlenden Lächeln und reibungslosem Leben. Wie falsch ist das! Jesus sagt: „Wenn eine Rebe Frucht bringt, dann wird sie von meinem Vater gereinigt, damit sie noch mehr Frucht bringt“ (Vers 2).
Wenn der Winzer die Rebe reinigt, dann

Die Reinigung der Rebe schmerzt

schneidet er alle wildwuchernden Zweige der Rebe ab. Sie wird möglichst kurz gehalten, damit der Saft ungehindert in die Trauben gelangt. Du kannst dir vorstellen, wie schmerzhaft das ist. Meinst du, das wäre anders, wenn Gott seine Kinder reinigt?

Schwere Wege lassen reifen und machen fruchtbar

Ich habe mich manchmal gefragt, warum es so viele Christen gibt, die schwere Wege gehen müssen. Sie verlieren Familienangehörige, leiden an Krankheiten, und manchmal leben sie in ihren Familien als Christen sehr einsam. Doch dann fielen mir Menschen ein, die Gott in der Vergangenheit gebraucht hat und dessen Leben heute Kreise zieht. Ich dachte an: Paul Gerhardt, Fr. v. Bodelschwingh, D. Bonhoeffer, Paul Schneider, Watchman Nee und andere. Sie lebten ein unerhört schweres Leben. Aber gerade sie wurden zum Segen Gottes für viele Menschen. Ihr Leben hinterließ Spuren zu Gott.

Wenn Gott reinigt, dann schneidet er, und das schmerzt. Aber dahinter steht die Liebe Gottes. Menschen, die in Jesus bleiben, entziehen sich nicht der reinigenden Pflege des Vaters. Sie folgen ihrem Herrn auch durch Dunkelheiten. Gerade im Leid reifen sie zu einem fruchtbaren Leben, das Kreise zieht.

Persönliche Fragen

1. Was unternimmst du, um geistlich zu wachsen? (Stillstand ist Rückgang.)
2. Wie bewußt ist dir die Gegenwart Jesu? (Greife einen Tagesablauf heraus und kontrolliere ihn.)
3. Welche Filter gebrauchst du, um Aufträge Gottes abzuschwächen? (Wie kannst du sie ausbauen?)

Gruppenfragen

1. Welche konkreten Hilfen bietet die Gruppe Anfängern im Glauben?
2. Welche Hilfen gibt es, um realer mit Jesus zu leben?
3. Steht in unseren Bibelarbeiten der konkrete Anspruch Gottes oder unsere Meinung darüber im Vordergrund? (Bleibe in meinem Wort.)

4. Warnlichter

Kann ein Christ das Ziel verfehlen?

„Kann ein Christ das Ziel verfehlen und verlorengehen?“
Auf Christival löste diese Frage manche

Diskussionen aus. Lesen wir zunächst mal, was Jesus seinen Jüngern sagt: „Wer nicht in mir bleibt, der wird weggeworfen wie die Rebe und verdorrt. Man sammelt sie auf und wirft sie ins Feuer, und sie muß verbrennen" (Vers 6). Ebenso: „Jede Rebe, die keine Frucht bringt, wird er (der Vater) wegnehmen" (Vers 2).

Ohne Frucht kein Leben

Wir haben uns bereits vorher klargemacht, daß fruchtlose Reben keine Existenzberechtigung haben. In der Übertragung heißt das: Wenn ein Christ keine Frucht bringt, kann er nicht leben. Andererseits ist uns klar geworden, daß die Frucht niemals Ergebnis unserer Bemühungen ist. Sie ist allein Gottes Sache. Wir haben den Auftrag in Jesus zu bleiben, dann wird unser Leben auch Frucht bringen. Das ist eine Zusage Gottes (Vers 5). Das heißt doch, wenn ein Christ in den Augen Gottes keine Frucht bringt, ist er nicht in Jesus, in seinem Wort und in der reinigenden Pflege seines Vaters geblieben. Was dann geschieht, sagt Jesus unmißverständlich: Der wird weggeworfen, aufgesammelt und ins Feuer geworfen.

Es gibt andere Bibelstellen, die ähnliche Aussagen machen. Ich denke an das Gleichnis von den zehn Mädchen, die mit der Braut auf den Bräutigam warten. Auch die fünf Törichten warten, aber sie sind bei der Ankunft des Bräutigams nicht bereit und müssen draußen bleiben. Oder da ist das Gleichnis von dem anvertrauten Geld. Der Knecht, der sein Geld

Matth. 25, 1–13

Matth. 25, 14–30

vergraben hat, wird in die Finsternis geworfen. Auch im Sendschreiben an die Gemeinde in Laodizea sind Christen angesprochen. Jesus sagt: „Ihr seid weder warm noch kalt; ihr seid lauwarm. Darum werde ich euch aus meinem Munde ausspucken.“ Bei allen diesen Bibeltexten ist von Menschen die Rede, die im Kreis der Christen leben. **Offb. 3, 16**

Ich bin mir bewußt wie schnell jetzt Mißverständnisse aufgebaut werden können. Laßt es mich unmißverständlich sagen: Ich glaube fest, daß die Wiedergeburt, von der Jesus mit Nikodemus sprach, das Eingangstor ins neue Leben ist. Wer von neuem geboren ist, gehört zu Gott, und er wird in Ewigkeit zu ihm gehören. Er hat das Leben über den Tod hinaus. Ich stelle die Heilsgewißheit nicht in Frage. Ich weiß, daß der Geist Gottes unserem Geist sagt, daß wir zu Gott gehören. **Keine Mißverständnisse! Joh. 3, 3 Joh. 11, 25 Röm. 8, 16**

Aber es gibt Menschen, die gehen mit ihrer neuen Geburt um, wie andere mit ihrer Taufe. Sie führen das Datum ihrer Bekehrung mit sich, wie eine Versicherungspolice. Sie vergessen, daß zur Bekehrung auch das Bleiben in Christus gehört. Wer das unterschlägt, unterschlägt einen wesentlichen Teil des Christseins. Deshalb dürfen wir das Warnlicht dieses Kapitels nicht abdunkeln. **Bekehrung als Versicherungspolice**

Nun gibt es Christen, die werden beim Aufleuchten eines solchen Warnlichtes unsicher. Sie sehen darin einen Widerspruch zu den großen Zusagen Gottes, die er seinen Kindern gibt. Z. B., wenn Jesus sagt: „Niemand wird **Verunsichert?**

Joh. 10, 27
Röm. 8, 39

sie aus meiner Hand reißen." Oder wenn Paulus schreibt, daß uns nichts von der Liebe Gottes trennen kann. Vertragen sich diese Trostworte und Verheißungen denn mit dem Warnlicht Gottes? Können nach den Zusagen Gottes denn Menschen überhaupt geistlich sterben?

Dazu ist folgendes zu sagen: Solange wir uns sorgen, wie wir bei Gott bleibenkönnen, sind wir nicht gefährdet. Menschen, die sich von Gott lösen und fruchtlos werden, haben an einer anderen Front versagt. Sie werden nicht von Engeln, Fürstentümern und Gewalten besiegt. Ihr Feind ist ihr eigenes Ich. Paul Roth schreibt in einer Gebets-Meditation: „Niemand kann mich von dir trennen — nur ich selber." Deshalb das Warnlicht Gottes! Wir können uns von Gott lösen. Gott zwingt uns nicht, bei ihm zu bleiben. Er ruft und warnt uns mit allen Fasern seiner Liebe. Aber er zwingt uns nicht. Er achtet uns als Persönlichkeit. Deshalb: Bleib in Jesus!

Nur mein Ich kann mich von Gott lösen

Die Warnung Gottes erreicht ihren Höhepunkt und damit ihren ganzen Ernst in dem Wort an die Hebräer: „Wer Gott untreu geworden ist, kann nicht noch einmal von vorne anfangen. Er war schon im Licht Gottes. Er hat die Gaben des Himmels gekostet und den Heiligen Geist empfangen. Er hat erfahren, wie zuverlässig Gottes Wort ist. Er hat die Kräfte der kommenden Welt Gottes gespürt. Wenn er nun Gott den Rücken kehrt, ist es, als nagelte er Gottes Sohn noch einmal ans Kreuz und setze

Hebr. 6, 4–8

ihn der öffentlichen Schande aus" (Gute Nachricht).

Übrigens sind alle diese Warnlichter Gottes für die Betroffenen selbst gedacht. Welcher Mensch will sagen, wann Gott einen anderen abschneidet?! Es ist immer d e i n Warnlicht und nicht das deines Bruders.

Warnlichter nur für Betroffene

5. **Motivation**

Warum sollen wir in Jesus Christus bleiben?
Warum sollen wir Frucht bringen?
Warum soll unser Leben und das Leben der Christen immer größere Kreise ziehen?
Warum setzt Gott Warnlichter?

Warum Frucht?

Die Antwort ist eindeutig. Jesus sagt: „Dadurch wird mein Vater verherrlicht" (Vers 8). Mit anderen Worten: Durch unser Leben soll die Herrlichkeit Gottes sichtbar werden.

Herrlichkeit Gottes sichtbar machen

Ich denke dabei an Jesus. Als er einmal mit seinen Jüngern über die Straßen Palästinas ging, begegnete ihm ein Mann, der blind geboren war. Er saß an der Straße und bettelte. Die Jünger fragten ihren Herrn: „Wer hat gesündigt, dieser Blinde oder seine Eltern?" Jesus antwortete: „Seine Blindheit hat weder mit den Sünden seiner Eltern etwas zu tun, noch mit seinen eigenen. Er ist blind, damit Gottes Macht an ihm sichtbar wird" (Gute Nachricht).

Joh. 9, 1–3

Und dann heilte Jesus den Blinden und offenbarte damit die Macht und Herrlichkeit Gottes.

Du bist nicht auf den Straßen Palästinas, sondern auf den Straßen Hamburgs, Berlins oder irgendeiner anderen Stadt unterwegs. Du lebst vielleicht in einem kleinen Dorf, in dem dich jeder kennt. Du kommst täglich mit Schulkameraden, Kollegen und Nachbarn zusammen. Weißt du warum? Nicht weil du zufällig in deine Umgebung hineingeboren wurdest. Nein! Du lebst dort als ein Mensch, in dessen Leben die Herrlichkeit Gottes sichtbar werden soll. Auf diese Weise wird der Heilige Geist in deinem Leben und in deiner Umgebung Kreise ziehen. Du fragst: Warum? Weil der Geist Gottes nur ein Ziel hat: den Vater und den Sohn zu verherrlichen. Wenn dein Leben Jesus verherrlicht, lebst du in Übereinstimmung mit dem Heiligen Geist. Deshalb kannst du dabei mit seiner Kraft rechnen.

Herrlichkeit Gottes an deinem Ort

Joh. 16, 14

Aber jetzt dürfen wir nicht in einer theologischen Zelle steckenbleiben. Die Frage ist doch: Wie verherrlicht man den Vater im alltäglichen Leben? Jesus sagt: Indem ihr viel Frucht bringt und meine Nachfolger werdet (Vers 8). Wie das geht, darüber haben wir ausführlich nachgedacht. Aber laßt uns an der Stelle ein wenig tiefer graben. Wenn ich jemand verherrliche, dann gebe ich ihm alle Ehre. Ich lebe nicht für mich, sondern für ihn. Deshalb stelle ich mir und dir die Frage nach der Motivation. Wo liegt der eigentliche Beweggrund unseres Handelns

Jesus ehren

Versuche nicht die Frage mit deinem christlichen Arbeitspensum zu beantworten. Die Motivation läßt sich nicht fotografisch einfangen. Deshalb frage ich nicht, ob du Mitarbeiter bist, sondern w a r u m du Mitarbeiter bist. Ich frage nicht, o b du missionarisch arbeitest, sondern w a r u m du missionarisch arbeitest? Und ich frage nicht, o b du in der Gebetsgemeinschaft betest, sondern w a r - u m du in der Gebetsgemeinschaft betest. Denn sieh: Ich kann auf der Kanzel von der Liebe Gottes predigen und mich selbst damit aufbauen. Ich kann in der Gebetsgemeinschaft beten, und spreche dabei nicht mit Gott, sondern denke: Wie hören mich jetzt die anderen?

Motivationen sind nicht einsichtig

In der Apostelgeschichte begegnet uns ein Mann mit dem Namen Simon. Er kam zum Glauben an Jesus Christus. Eines Tages sah er, wie Petrus und Johannes den Menschen die Hände auflegten, und sie den Heiligen Geist empfingen. Das gefiel ihm so gut, daß er seine Brieftasche öffnete, um den Aposteln die Gabe abzukaufen. Wichtig ist auch hier die Motivation. Simon will eine Gabe Gottes kaufen, um sich damit ins beste Licht zu setzen.

Apg. 8, 18–22

Wäre es nicht möglich, daß du eine geistliche Persönlichkeit zu werden wünschst, um die Menschen damit zu beeindrucken? Wünschst du dir Vollmacht Gottes, um eine Spitzenposition in deiner Gemeinde oder Jugendgruppe zu besetzen? Wünschst du dir Leben, das Kreise zieht, um anderen zu imponieren?

Eine geistliche Persönlichkeit aus egoistischen Beweggründen

Sei nicht so schnell mit deiner Antwort. Unsere egoistischen Beweggründe liegen oft tief vergraben. Aber sie verzerren unser geistliches Leben und blockieren die Kraft Gottes. Der hochmütige und egoistische Mensch ist im Reich Gottes absolut unfruchtbar. Deshalb müssen wir die egoistische Wurzel unseres Handelns und Redens ausgraben.

Hochmut blockiert geistliche Wirkungen

Wie man das macht? Hochmut ist Stolz. Deshalb sprich mit deinem Herrn darüber. Bekenne ihm die Schuld. Nenne sie konkret beim Namen. Suche dir einen Menschen, der dir die Vergebung zuspricht. Und bleibe in Jesus, in seinem Wort, in der reinigenden Pflege seines Vaters. Das ist der beste Weg zu einem Leben, das Kreise zieht.

Persönliche Fragen

1. Ist dir bewußt, daß an deinem „Bleiben in Christus" deine geistliche Existenz hängt? Was muß sich bei dir ändern, wenn du diese Tatsache ernst nimmst?
2. Welche Möglichkeiten haben die Menschen, in deinem Leben Herrlichkeit Gottes zu entdecken?
3. Wo liegt die eigentliche Antriebskraft deiner Mitarbeit? Für wen oder was lebst du?

Gruppenfragen

1. Was unternimmt die Gruppe, um Randsiedlern und auf der Strecke gebliebenen Christen zu einem neuen Anfang zu helfen? (Wer geht ihnen nach? Wie geht man ihnen nach?)
2. Ist das Klima der Gruppe so offen, daß die einzelnen ihre Persönlichkeit einbringen können, oder werden sie in eine Rolle gezwängt? (Eine offene Atmosphäre hilft der Gruppe, sich über versteckte Motivationen klar zu werden, und sie erleichtert wichtige Korrekturen.)

II. DIE AUSSTRAHLUNG EINES LEBENS, DAS KREISE ZIEHT

Johannes 15, 9—17:

(9) Gleichwie mich mein Vater liebt, so liebe ich euch auch. Bleibt in meiner Liebe! (10) Wenn ihr meine Gebote haltet, so bleibt ihr in meiner Liebe, gleichwie ich meines Vaters Gebote halte und bleibe in seiner Liebe. (11) Solches rede ich zu euch, damit meine Freude in euch bleibe und eure Freude vollkommen werde. (12) Das ist mein Gebot, daß ihr euch untereinander liebt, gleichwie ich euch liebe. (13) Niemand hat größere Liebe denn die, daß er sein Leben läßt für seine Freunde. (14) Ihr seid meine Freunde, wenn ihr tut, was ich euch gebiete. (15) Ich sage hinfort nicht, daß ihr Knechte seid; denn ein Knecht weiß nicht, was sein Herr tut. Euch aber habe ich gesagt, daß ihr Freunde seid; denn alles, was ich habe von meinem Vater gehört, habe ich euch kundgetan. (16) Ihr habt mich nicht erwählt, sondern ich habe euch erwählt und gesetzt, daß ihr hingeht und Frucht bringt und eure Frucht bleibe, damit, wenn ihr den Vater bittet in meinem Namen, er's

euch gebe. (17) Das gebiete ich euch, daß ihr euch untereinander liebt.

Ich erinnere mich noch gut daran. Vor einigen Jahren stand das Deutsche Fernsehen mit einer Kamera und mit einigen Reportern auf einer Straße in Berlin. Straßenpassanten wurden zum Thema Liebe interviewt. Die Frage an sie lautete: „Was verstehen sie unter Liebe?" Natürlich kamen die verschiedensten Antworten. Und doch schälten sich dabei drei Gruppen heraus:

Was ist Liebe?

Die erste Gruppe war sehr hilflos. Sie wußte so gut wie nichts auf die Frage zu sagen. Das ist verständlich. Ich weiß nicht, wie es uns ginge, wenn wir auf Anhieb „Liebe" definieren sollten.

Die zweite Gruppe bestand aus Menschen, bei denen Liebe ausschließlich in den sexuellen Bereich gehörte. Sie verbanden den Begriff Liebe mit: Küssen, miteinander schlafen, etc.

Liebe = Sexualität

Und dann gab es noch einige Antworten, die mir besonders wichtig waren. Da wurde gesagt: „Liebe? Die gibt es nicht! Liebe ist ein Erfolgsrezept der Werbung, mehr nicht." Einer meinte: „Ich habe früher mal daran geglaubt. Man war ja jung. Aber heute?!" Aus den Antworten sprach eine tiefe Resignation. In diesem Klima wurde wohl auch der Spruch geboren: Liebe ist wie eine Oase; wer sich dahin verirrt, ist ein Kamel.

Resignation

Wir leben zweifellos in einer Welt der Lieb-

Welt der Lieblosigkeit

losigkeit. Sie wird von kühler Berechnung und Kalkulation bestimmt. Man sichert sich voreinander ab. Und wenn jemand freundlich ist, wird sofort Hinterhältigkeit vermutet. In diesem Klima verkümmern viele Menschen. Denn der Mensch ist auf Liebe angelegt. Er braucht Liebe, wie die Luft zum atmen. Und wenn wir uns jetzt überlegen, wie unser Leben in dieser Welt Kreise ziehen kann, wenn wir also nach der Ausstrahlungskraft unseres Christseins fragen, dann ist die Liebe dabei zweifellos ein wichtiger Faktor. Deshalb schließt Jesus ein neues Glied an die Kette des „Bleibens" an. Nach: „Bleibt in mir" (Vers 4) und „Bleibt in meinem Wort" (Vers 7), heißt es jetzt „Bleibt in meiner Liebe" (Vers 9).

Der Mensch braucht Liebe

1. Lebe die Liebe

Inge Brück sang an einem der Christival-Abende „Die Liebe lebt — lebe die Liebe". Dieses Lied trifft den Kern. Weil die Liebe in Jesus Christus lebt, sollen wir nun die Liebe leben.

Ich hatte vor einigen Jahren auf dem Jugendabend der Allianzkonferenz in Siegen zu sprechen. Das Thema lautete „Christsein — eine Frage des Lebensstils". Ganz gleich, wie man wollte, konnte man dieses Thema mit einem Frage- oder Ausrufungszeichen versehen. Beides ist richtig. Ist Christsein eine Frage des Lebensstils? Nein! Ein Christ ist einer,

Christsein u. Lebensstil

dessen Leben durch Jesus Christus neu wurde. Da geht es um viel mehr als um Stilfragen. Aber auf der anderen Seite müssen wir sagen: Christsein ist eine Frage des Lebensstils! Wenn jemand sagt: „Ich lebe mit Jesus Christus“ und dabei einen Stil lebt, der in einem scharfen Kontrast zu seinem Herrn steht, so ist das ein glatter Stilbruch.
Freunde, laßt uns die Stilfragen nicht herunterspielen. Wenn unser Leben Kreise ziehen soll, dann wird unser Lebensstil dabei eine eminent wichtige Rolle spielen.
Christival ist — und war inzwischen — ein missionarischer Schulungskongreß. Im Mittelpunkt stand die missionarische Schulung junger Christen. Da ging es um die rettende Gute Nachricht Gottes und um die Frage, wie wir diese Nachricht an den Mann bzw. an die Frau bringen können. Auf einem solchen Kongreß junger Leute stehen Worte Jesu, wie: „Gehet hin in alle Welt, und macht alle Völker zu Jüngern“, zweifellos im Mittelpunkt. Das sind die großen zentralen Aussagen zum missionarischen Auftrag. Dagegen nimmt ein Wort Jesu, wie: „Bleibt in meiner Liebe“, bei vielen Christen eine Randposition ein. Sie sagen: Es ist a u c h wichtig — immerhin hat es Jesus gesagt —, aber doch nicht so.

Matth. 28, 19

Liebe, Randerscheinung in der Bibel

Freunde, hüten wir uns vor einer subjektiven Gewichtsverteilung von Bibelworten. Das geht nicht, es geht höchstens ins Auge. Wenn wir uns im ersten Teil von Jesus sagen ließen, daß unser Leben Frucht tragen soll, dann gehört das Gebot „Bleibt in meiner Liebe" untrennbar dazu. Wir sollen nicht nur von der Liebe reden, wir sollen sie auch leben. Aber wie?

a) **Lebe die Liebe in deiner Gesellschaft**

An der Stelle fügt Jesus einen Hinweis ein, der uns zunächst unverständlich erscheint. „Wenn ihr meine Gebote haltet, so bleibt ihr in meiner Liebe" (Vers 10). Das ist auf Anhieb ein unerhörter Gegensatz. Gebot und Liebe scheinen unvereinbar zu sein. Bei Liebe denken wir an: sich gern haben, mit einander schmusen, Freuden und angenehme Empfindungen. Doch der Begriff „Gebot" ruft ein wahres Kontrastprogramm hervor. Wir denken an: Autorität, Strenge, Unfreiheit, Strafe u. a. . . . Ist das nicht ein Rückfall ins Alte Testament? Paulus, ein großer Kenner der alttestamentlichen Bücher, schreibt: „Ich selbst bin nicht mehr unter dem Gesetz." Das war seine Erfahrung als Christ. Das Evangelium hatte ihn von der Versklavung unter dem Gesetz befreit. Doch dann schreibt er weiter: „Obwohl ich nicht o h n e Gesetz bin, sondern nun unter dem Gesetz Christi stehe." Im Brief an die Christen in Galatien nennt er das Gesetz Christi beim Namen: „Einer trage des anderen Last, so lebt ihr nach dem Gesetz, das Christus gegeben hat." Christen sind also keine Anarchisten, die gesetzlos auf den Him-

Liebe u. Gebot = Gegensatz?

Rückfall ins Alte Testament?

1. Kor. 9, 20

1. Kor. 9, 21

Gal. 6, 2

Gesetz Christi

mel warten. Sie stehen unter dem Gebot Jesu: Einer trage die Last des andern.

Vor mir liegt das Programmheft von Christival. Ich schaue mir die angebotenen Seminare an. Sie beschäftigen sich mit: Sozialer Verantwortung, Christlicher Sexualethik, Suchtgefahren, Jugendkriminalität, dem Schicksal elternloser Kinder und dem der ausländischen Mitbürger. Da geht es um: seelisch gestörte Menschen, um Heimerziehung, um Behinderte und okkult Belastete, um die Dritte Welt und die soziale Gerechtigkeit. Überlege einmal in diesem Zusammenhang, was es heißt: „Einer trage die Last des andern." Als Christ bist du mitverantwortlich! Du wirst Gott einmal beantworten müssen, wie du den Leidtragenden deiner Gesellschaft geholfen hast.

Deine Verantwortung

Wenn dir das klar wird, schläfst du nicht weiter. Es kann dir dann nicht gleichgültig sein, daß es körperlich Behinderte in einem Heim deiner Stadt gibt, die wie auf einer Insel leben. Sprich einmal mit dem Personal, das sie betreut. Frage nach, was du tun kannst, um sie in den Kreis der Gesunden zu integrieren. Und da sind die Strafgefangenen. Wie schwer haben sie es, in die Gesellschaft zurückzufinden. Weißt du, daß es Möglichkeiten gibt, ihnen dabei zu helfen? Und ich denke an die Alkoholiker, an die Milieugeschädigten, an all die Randsiedler der Gesellschaft, deren Leben gerade in der Isolation zerstört wird. Unsere missionarischen Einsätze sind un-

Soziale Aufgaben

glaubwürdig, wenn wir ihnen nicht helfen. Du kannst als einzelner nicht an allen Fronten kämpfen. Aber du kannst den Stein der praktischen Liebe in deiner Gruppe und Gemeinde ins Rollen bringen. Wann beginnst du damit?

Die Liebe ins Rollen bringen

b) **Lebe die Liebe in deiner Gruppe**

Liebe als Fluchtweg?

Nun darf die Liebe zu den Leidtragenden deiner Gesellschaft niemals Flucht vor der verbindlichen Liebe in deiner Gruppe sein. Ich erinnere mich dabei an eine Mutter, die laufend unterwegs war, um anderen zu helfen. Aber ihre eigene Familie wartete vergeblich auf Liebe und Fürsorge. Niemand kann sagen: „Ich habe den Auftrag, meinen fernen Nächsten zu lieben. Deshalb finde ich nicht die Zeit zur Nächstenliebe in dem Kreis, der mein Zuhause ist." Diese Alternative gibt es nicht. Deshalb setzt Jesus hinzu: „Das ist mein Gebot, daß ihr euch untereinander liebt" (Vers 2).

Das Verhältnis zur Gruppe

Spielen wir das einmal konkret durch. Ich kenne die christliche Gruppe nicht, in der du deine Heimat hast. Klar ist, daß Gemeinschaft und Leben in der Nachfolge Jesu nicht zu trennen sind. Laß die Menschen deiner Jugendgruppe, deines Hauskreises und deiner Gemeinde jetzt einmal in Gedanken an dir vorüberziehen. Welche Empfindungen hast du dabei? Wer ist dir sympathisch? Wer ist dir unsympathisch? Mit wem lebst du in offenen (oder versteckten) Spannungen? Bei solchen Überlegungen kommen sehr oft vier Gruppen in Betracht:

Da sind zunächst die guten Freunde. Hier ist die Liebe kein Problem. Hier zeigt sich höchstens die Gefahr der Cliquenwirtschaft, an der eine Gruppe zerbrechen kann.

Liebe die Freunde!

Dann sind da die „Stillen im Lande". Sie sind dir nicht unsympathisch. Sie sind dir eher gleichgültig. Du kennst sie kaum. Doch Gleichgültigkeit ist keine Liebe. Echte Liebe interessiert sich für den anderen. Sprich den Stillen einmal an. Unterhalte dich mit ihm. Zeige ihm, daß er dir nicht gleichgültig ist. Damit wirst du ihm helfen, sich aus seiner Einsamkeit zu lösen.

Liebe die Stillen!

Die dritte Gruppe nenne ich die Unsympathischen. Sie haben dir nichts getan. Aber wenn du mit ihnen zusammenkommst, empfindest du eine heftige Abneigung. Du sagst jetzt: „Dagegen kann man nichts tun." Wirklich nicht? Wenn die Liebe Gottes sich an Sympathie und Antipathie bindet, worin liegt dann die Kraft dieser Liebe?! Freunde, es sage keiner: Gegen meine natürlichen Regungen komme ich nicht an! Damit spielt er die Liebesfähigkeit, die Gott ihm schenkt, auf die allgemein menschliche Ebene herunter. Doch das ist nicht die Ebene der Liebe Gottes. Sie hat eine andere Basis. Sie kommt durch den Geist Gottes in das Leben eines Christen und wartet auf Entfaltungsmöglichkeiten. Laß die-

Liebe die Unsympathischen!

Röm. 5, 5

ser Liebe freien Lauf! Was das praktisch heißt?

1. Mach dir bewußt, wie sehr Gott den dir unsympathischen Menschen liebt.
   Christus starb auch für ihn.
2. Bete für ihn.
3. Schau ihn dir in der Perspektive Gottes an. Denke darüber nach, wieviel gute Gaben er von Gott bekommen hat.
4. Zeige ihm deine Liebe.

Liebe die Feinde!

Und dann ist da die letzte Gruppe. Dazu gehören die Menschen, zu denen dein Verhältnis gestört ist. Hier sitzen handfeste Blockaden. Die Ursachen werden unterschiedlich sein. Da hat es Streit gegeben. Du hast dich im wahrsten Sinne des Wortes mit dem anderen auseinandergesetzt. Oder du hast erfahren, daß er versteckt und hinterhältig über dich geredet hat. Was nun? Wie löst die Liebe einen Streit?
Für die Liebe Gottes ist das kein Problem. Hauptsache, du machst mit:

Bekenntnis der Schuld

1. Es beginnt damit, daß du Jesus Christus deine Schuld bekennst. Beschönige dabei nichts. Versuche dich nicht ins rechte Licht zu setzen. Das hast du nicht nötig. Er kennt dich sowieso. Und dann lege Gott die weiteren Schritte in die

Hand. Bitte ihn, daß er dich konkret durch seinen Geist leitet.

2. Sprich im richtigen Augenblick mit dem anderen. Suche das Gespräch. Aber bleibe dabei sensibel für den Geist Gottes.

Suche das Gespräch!

3. Laß bei dem Gespräch jedes Aufrechnen draußen. Sei bereit den untersten Weg zu gehen (ohne damit glänzen zu wollen). Bilde dir nicht ein, damit ein gutes Werk zu tun. Im Bereich der Liebe wirst du immer schuldig sein. Paulus schrieb an die Römer: „Ihr sollt keine Schulden haben. Aber in der Liebe werdet ihr trotz aller Anstrengungen schuldig bleiben." In Sachen Liebe kann ich also nie sagen: „Jetzt habe ich soviel geliebt. Nun bist du dran." Meine Waagschale wird immer zu leicht sein und wenn ich noch soviel Liebe hineingepackt habe.

In der Liebe immer schuldig Röm. 13, 8

Vielleicht fragst du dich, warum ich diesem Abschnitt soviel Gewicht beimesse. Was hat das schon mit dem expansiven Leben zu tun? Sehr viel! Wir ahnen oft nicht, daß hier die Quellen unserer Fruchtlosigkeit liegen. Mancher, der sich in seinem missionarischen Bemühen abstrampelt und nicht weiterkommt, hat in seiner Lieblosigkeit die Ursachen zu suchen. Johannes schreibt in seinem Brief:

1. Joh. 4, 12

1. Joh. 3, 10

Verknüpfung von Liebe und geistlichem Leben

„So wir uns untereinander lieben, so bleibt Gott in uns." Und an anderer Stelle: „Wer seinen Bruder (oder seine Schwester) nicht liebt, der gehört nicht zu Gott." Demnach ist unsere Liebe bzw. Lieblosigkeit eng mit unserem geistlichen Leben verknüpft. Wenn du wünschst, daß dein Leben Ausstrahlungskraft hat, so kontrolliere zunächst einmal dein Verhältnis zu den Menschen deiner Umgebung. Daß auch hier deine Frau, deine Kinder und deine Eltern mit eingeschlossen sind, ist keine Frage.

c) Lebe die Liebe bis zur Selbstaufgabe

Motiv für den Tod Jesu: Liebe

Nun sagt Jesus: „Niemand hat größere Liebe als die, daß er sein Leben für seine Freunde läßt" (13). Was Jesus meint, wissen wir. Er starb für die Welt. Hinter dem Tod Jesu steht letztlich nicht die Feindschaft seiner Zeitgenossen oder ein trauriger Schicksalsschlag. Grund für das Sterben unseres Herrn ist einzig und allein seine Liebe zu uns.
Doch in der Abschiedsrede Jesu an seine Mitarbeiter wird sein Tod zum Vorbild der Christen. Jesus liebte die Welt. Wenn wir seinen Platz in der Welt eingenommen haben, und an seiner Stelle Menschen zur Versöhnung mit Gott rufen, sollen wir ihm auch in der Liebe ähnlich werden.

Die verfolgte Gemeinde ist keine antike Erscheinung

Es gibt bis in unsere Tage Christen, die für Jesus Christus leiden und sterben. Die Märtyrer sind hier keine antiken Erscheinungen.

Liebe, die das Leben einsetzt

Matth. 10, 39

Es gibt sie auch heute. Wir vergessen das manchmal, weil unsere Situation anders ist. Bei uns geht es friedlich zu, und so schnell wird niemand um Jesu willen gemordet. Ist damit dieser Vers für uns passé? Auf keinen Fall! Hier geht es um mehr, als das Sterben für Christus. Hier geht es um Liebe, die so stark ist, daß sie sich selbst aufgibt. Jesus sagt einmal: „Wer sein Leben gewinnen will, wird es verlieren, und wer sein Leben hingibt um meinetwillen, wird es gewinnen." Der physische Tod für Jesus, der Märtyrertod, mag sehr schwer sein. Aber er wird von *anderen* Menschen diktiert und vollstreckt. Wenn Jesus Christus will, daß ich mein Leben für ihn hingebe, dann ist das eine Entscheidung, die mein Herr von *mir* verlangt.

Soziale Programme sagen nichts über meine Liebe

Neue Auslieferung an Jesus

Wie ich diese Entscheidung getroffen habe, läßt sich nicht an meinen sozialen Aktionen ablesen. Mancher läuft mit sozialen und diakonischen Programmen seiner eigenen Liebe nach. Nur der kann sein Leben geben, der es selbst bekommen und angenommen hat. Danke Jesus für alles, was du besitzt. Denke dabei an deine Gaben, Fähigkeiten und Möglichkeiten. Vergiß auch deine Begrenzungen nicht.

Und sage (auch wenn du dich schon vor Jahren bekehrt hast): „Herr, das alles gebe ich jetzt dir. Ich will es für dich und damit für andere leben."

Und dann lebe was du ihm gesagt hast — täglich neu!

Persönliche Fragen

1. Wenn ich mir die Leidtragenden meiner Umgebung bewußtmache — inwieweit ist ihre Last meine Last? (Einer trage die Last des anderen.)
2. Zu welchen Menschen habe ich ein gestörtes Verhältnis, und was unternehme ich, um die Gemeinschaft mit ihnen neu aufzubauen?
3. Betrachte ich mein Leben — und was dazu gehört — als mein Eigentum, oder bin ich bereit, es für Jesus Christus zu investieren?

Gruppenfragen

1. Was unternehmen wir, um Leidtragenden in unserer Stadt ihre Last zu erleichtern (Mittragen)?
2. Wie kommt in unserer Gruppengemeinschaft die Liebe zum Tragen, und wo begegnen uns Lieblosigkeiten?
3. Wieviel Raum nimmt in unseren Gebetsgemeinschaften das Gebet für verfolgte Christen ein? Was unternehmen wir, um uns ihre Situation bewußt zu machen?

2. Die Quelle der Ausstrahlung

Gehen wir einen Schritt weiter! Wir haben gesagt: Unser Leben kann nur dann Kreise ziehen, wenn es von der Liebe Gottes geprägt ist. Diese Liebe wirkt sich in unserer Umgebung aus. Sie gilt den Leidtragenden der Gesellschaft genauso, wie den Personen, mit denen wir auf engstem Raum zusammenleben. Sie hat niemals ihre Schuldigkeit getan und führt bis zur Selbstaufgabe. Wenn unser Leben mit dieser Liebe gefüllt ist, wird es auch Ausstrahlungskraft besitzen.

Ursache der Ausstrahlung

Nun kann eine Ausstrahlung sehr verschiedene Ursachen haben. Ein Glühwürmchen, das an warmen Juniabenden unterwegs ist, um sein Weibchen zu suchen, hat auch eine gewisse Ausstrahlung. Aber es strahlt nur kurze Zeit, dann ist es wieder grau und unansehnlich. Der Mond, der in den letzten Jahren viel von sich reden machte, leuchtete schon in grauen Vorzeiten sein mattes Licht auf die Erde. Und solange die Sonne am Himmel steht, wird er weiterleuchten, denn von ihr bekommt er sein Licht.

Dein Charme reicht nicht aus

Wenn du Ausstrahlungskraft haben willst, dann bau nicht auf deinen Charme und dein angenehmes Lächeln. Du magst ein freundliches und überzeugendes Wesen haben. Aber das reicht nicht aus, um Menschen aus dem Tod ins Leben zu rufen. Du hast es dabei ja nicht nur mit deinen Artgenossen zu tun. Du kämpfst auch gegen die Macht der

Eph. 6, 12

Finsternis, und an der Front reicht menschliche Überzeugungskraft keinesfalls aus. Du brauchst — wie der Mond — eine andere Lichtquelle, die dich unabhängig von deinen Gefühlen und Stimmungen mit Energie versorgt.

Wir brauchen eine Lichtquelle unabhängig von Stimmungen u. Gefühlen

Deine Lichtquelle ist Gott und sein Sohn Jesus Christus. Wichtig ist nun, daß wir uns überlegen, wie das Licht Gottes möglichst ungebrochen in unser Leben hineinkommen kann. Auch dazu gibt Jesus einige Hilfen.

a) Jesus Christus hat dich angenommen

Prädestination = Diskussionsobjekt

Er sagt: „Ihr habt mich nicht erwählt, sondern ich habe euch erwählt" (Vers 16). Die lateinische Bibelübersetzung (Vulgata) gibt „Erwählung" mit „Prädestination" wieder. Dieses Wort hat in vielen Jugendgruppen und Gemeinden heftige Diskussionen ausgelöst. Auch wir könnten jetzt lange über die augustinische — calvinistische Lehre von der doppelten Prädestination sprechen. Aber damit würden wir nichts an Ausstrahlungskraft gewinnen. Im 5. Buch Mose steht: „Was verborgen ist, ist des Herrn unseres Gottes; was aber offenbart ist, das gilt uns und unseren Kindern."

5. Mose 29, 28

Wir sollten auch hier nicht Spekulationen aufbauen über Dinge, die verborgen sind. Wichtiger ist, was Jesus uns an dieser Stelle offenbart. Er spricht seine Jünger an und sagt

ihnen: „Nicht ihr habt mich erwählt, sondern ich habe euch erwählt“ (Vers 16).
Wenn er seine Jünger meint, sind damit alle Glaubenden eingeschlossen. Konkret heißt das, Jesus sagt dir: „Nicht du hast dich zuerst für mich entschieden, sondern ich habe mich für dich entschieden.“ Das ist nach den Aussagen der Bibel bereits vor der Erschaffung der Welt geschehen. Hier zeigt sich, daß der Mensch auch im Zeitalter der Verhütungsmittel niemals ein Zufallsprodukt ist, sondern ein von Gott gewolltes Wesen. Du bist von Gott geschaffen! Gott will dich! Er hat sich für dich entschieden!

Jesus Christus hat sich zuerst für uns entschieden

Nun ist die Erwählung einzelner Menschen in der Bibel fast immer mit der Berufung in eine Aufgabe verbunden. Nimm als Beispiel Jeremia. Er war jung und fürchtete sich vor dem Auftrag, den er von Gott bekam. Gott sagt zu ihm: „Ich kannte dich, bevor du im Körper deiner Mutter geschaffen wurdest. Ich sonderte dich aus, ehe du von der Mutter geboren wurdest und bestellte dich zum Propheten für die Völker.“ Ähnlich ist es bei Salomo, der zum Bau des Tempels erwählt wurde. Der Stamm Levi wurde zum Priesteramt erwählt und die Jünger zu Aposteln. Auch Paulus wurde von Gott als Träger des Evangeliums zu den nichtjüdischen Völkern auserwählt.

Berufung in eine Aufgabe

Jer. 1, 5

Apg. 9, 15

Meinst du, das wäre heute anders? Laß es mich deutlich sagen: Gott hat sich lange vor deiner Zeit für dich entschieden. Und er hat einen konkreten Auftrag für dich. Deshalb sollltest du nicht einseitig von deiner Entscheidung für Christus sprechen. Daß wir uns entscheiden müssen, ist keine Frage. Aber wir wären nicht in der Lage, uns für ihn zu entscheiden, wenn er sich nicht zuvor für uns entschieden hätte.

Keine Spekulationen!

Freunde, spekuliert jetzt nicht, was mit denen ist, die Gott nicht erwählte. Tatsache ist, daß Gott in Christus jeden Menschen liebt. Keiner wird zu Gott sagen können: Du hast mich nicht gewollt. Auch in Johannes 15 geht es nicht um die anderen. Hier sind die Nachfolger Jesu gemeint. Deshalb unterbrich dein Lesen einen Moment und danke deinem Herrn, daß er dich bereits vor der Schöpfung erwählt hat. Freue dich über seine große Liebe, die dir gilt. Und bilde dir nicht ein, Gott habe dich geliebt und erwählt, weil du ein besonders netter Kerl bist. Es wird ein Geheimnis bleiben, warum Gott dem Volk Israel sagt: „Ich habe dich je und je geliebt, darum habe ich dich zu mir gezogen aus lauter Güte." Wie schwer ließ sich dieses Volk von Gott führen! Immer wieder ging es andere Wege und wurde ihm ungehorsam. Daß Gott diese Menschen erwählt, will nicht in unseren Kopf und in unser Schema. Aber s o liebt Gott. Er liebt nicht, weil der Geliebte so liebenswert ist. Die bloße Existenz des Menschen ist für Gott Grund genug, ihn zu lieben.

1. Tim. 2, 4

Danke für deine Erwählung!

Jer. 31, 3

Gott liebt grundlos

2. Petr. 1, 10

Nun empfiehlt Petrus in seinem Brief den Lesern, ihre Berufung und Erwählung festzumachen. Das ist wie bei einer Fahrkarte, die mich berechtigt, mit einer bestimmten Bahnlinie zu einem bestimmten Ziel zu fahren. Die Bahnlinie und das Ziel liegen fest. Aber ich werde nie ans Ziel kommen, wenn ich nicht in den Zug steige und meine Karte einlöse. Du kannst nicht die Hände in den Schoß legen und sagen: Wenn Gott meinen Weg bestimmt hat, habe ich jetzt nichts mehr zu tun. Im Gegenteil, du bist und bleibst für dein Leben verantwortlich.

Aber sieh, wenn Jesus Christus dich erwählt hat und dich in eine Aufgabe beruft, so mußt du nicht mehr ängstlich fragen: „Werde ich den Anforderungen gewachsen sein?" Gott fordert viel, aber er überfordert uns nicht. Die Aufgabe Gottes für dich mag schwer sein, aber du wirst daran nicht zerbrechen. Weil er dich gewollt und angenommen hat, wird er dir auch die Kraft und Ausrüstung geben, die du für deinen Weg brauchst.

Gott überfordert nicht

b) **Orientiere dich an der Liebesbeziehung zwischen Jesus und dem Vater**

Es ist ein besonderes Geschenk Gottes, daß wir nicht nur seine Anweisungen und Gebote haben, sondern ebenso Vorbilder zur persönlichen Orientierung.

Nun gebraucht Jesus einige Male das Verhältnis zwischen sich und dem Vater als Vorbild für sein Verhältnis zu uns. Er sagt: „Gleich- **Joh. 20, 21** wie mich der Vater geliebt hat, so liebe ich auch euch" (Vers 9). Oder an anderer Stelle: „Gleichwie mich der Vater gesandt hat, so sende ich euch." Das geschieht nun auch in unserem Text, wenn Jesus seinen Jüngern sagt: „Bleibt in meiner Liebe, gleichwie ich meines Vaters Gebote halte und in seiner Liebe bleibe" (Vers 10). Schauen wir uns also das Verhältnis Jesu zum Vater näher an:

1. Jesus gehorcht dem Vater. Er kam auf Befehl des Vaters in die Welt. Gott sandte seinen Sohn. Und es soll keiner sagen, dem Sohn Gottes sei dieser Weg leichtgefallen. In Gethsemane litt er. Sein Schweiß war wie Blutstropfen. Und er betete: „Vater ist es möglich, so gehe dieser Kelch an mir vorüber; doch nicht wie ich will, sondern wie du willst."

Joh. 3, 16

Luk. 22, 44
Matth. 26, 39

Die Christussänger singen:
„Lieben heißt Gottes Willen tun." Du sagst, du liebst deinen Herrn? Dann tue, was er sagt! Er selbst hat es dir vorgelebt.

Gott lieben = gehorchen

2. Jesus lebte in enger Verbindung mit dem Vater. Die Praxis der Stillen Zeit war für viele Christival-Teilnehmer ein besonderes Erlebnis. Wenn man zwischen 8.15 Uhr und 8.45 Uhr durch die Hallen ging, begegnete einem außer vielen sitzenden jungen Leuten mit der Bibel nur die Stille. Ähnlich war es in dem großen Grugapark.

Aber in einer so großen Gemeinschaft ist die Praxis der Stillen Zeit relativ einfach. Zu Hause sieht das anders aus. Da kämpft man gegen Müdigkeit, laute Geschwister und die

Zeit. Ich habe Angst, daß viele in diesem Kampf die Waffen strecken. Aber du brauchst die Stille, in der du auch auf Gott hörst und mit ihm sprichst. **Gott lieben = beten**

Auch das hat uns Jesus vorgelebt. Er suchte oft die Einsamkeit, um mit dem Vater zu sprechen. **Luk. 5, 16** Das war für ihn besonders schwer. Er war von vielen Menschen umgeben. Aber er sagte nicht: Solange ich Arbeit habe, kann ich nicht beten. Er entzog sich den Menschen — ja selbst seinen Jüngern —, um mit dem Vater zu sprechen. **Mark. 6, 46** Oder er stand bereits in der Nacht auf, um Stille zu finden. **Mark. 1, 35** So blieb er in der Liebe seines Vaters. Er sagte nicht: Die Liebe zu Gott erfüllt sich in der Nächstenliebe. Im Gegenteil, er liebte Gott und suchte die Gemeinschaft mit ihm, um dem Nächsten helfen zu können.

Freunde, hüten wir uns davor, unsere Stille Zeit durch fromme Aktionen zu ersetzen. Unsere Aktionen werden dann bald nicht mehr fromm sein. Wir verlieren ohne Stille vor Gott unsere geistliche Kraft. Wenn wir aber keine geistliche Kraft mehr haben, wird die Liebe in uns erkalten.

3. Jesus bezeugte den Vater. Er liebte nicht nur. Er sagte den Menschen auch, aus welcher Kraft er liebte.

Man hat den Christen den Vorwurf gemacht, viel zu predigen und wenig zu handeln. Oft sind solche Vorwürfe sehr oberflächlich. Aber hin und wieder sind sie auch berechtigt.

Nun kenne ich Christen, die wurden dadurch

so eingeschüchtert, daß sie nur noch handeln und nicht mehr predigen. Aber damit unterschlagen sie einen wesentlichen Teil ihres Auftrags. Die soziale Verantwortung gehört — das haben wir uns bereits in einem früheren Kapitel gesagt — unlösbar zum missionarischen Auftrag. Der Kongreß für Weltevangelisation in Lausanne hat hier viel zur politischen Bewußtseinsbildung evangelikaler Christen beigetragen. Aber sozialer Einsatz hat in dieser Welt — bei aller Wichtigkeit — immer Modellcharakter. Eine wirkliche Veränderung zur sozialen Gerechtigkeit wird erst durch die neue Welt Gottes eintreten. Deshalb ist es von größter Wichtigkeit, daß wir den Menschen sagen, wie sie Bürger der neuen Welt Gottes werden.

Gott lieben = bekennen

Fassen wir zusammen:

1. Jesus gehorchte dem Vater.
2. Er lebte in enger Verbindung mit dem Vater (Gebet).
3. Er bezeugte den Vater.

Auf diese Weise blieb er in der Liebe seines Vaters. So sollen wir auch in der Liebe Jesu bleiben.

Hast du den Mut, das zu verwirklichen? Deine Ausstrahlung als Christ wird entscheidend davon abhängen.

c) **Du gehörst zum Freundeskreis Jesu**

Plumpe Vertraulichkeit

Das klingt beinahe plump. Ich habe etwas gegen plumpe Vertraulichkeiten mit Jesus Chri-

stus. Manche reden von ihm, wie von einem Schoßhund, den man überall mitschleift. Wir kennen diese Sprüche: Jesus ist für mich da! Er geht überall mit! Er macht mich immer froh!
Freunde, ich will niemandem zu nahe treten. Diese Aussagen enthalten ja auch ein Stück Wahrheit. Aber es ist doch nicht nur wichtig, daß Jesus für m i c h da ist, sondern daß ich für i h n da bin und mich von ihm gebrauchen lasse. Wichtig ist nicht nur, daß er überall mitgeht, sondern daß ich mit i h m gehe und ihm nachfolge. Und Jesus lebt nicht nur, um mich froh zu machen. Er will mein Herr sein, und dadurch bekommt mein Leben seinen Sinn.

Umdenken!

Hüten wir uns davor, die Gemeinschaft des Christen mit seinem Herrn durch solche Formulierungen zu verzerren. Jesus ist nicht mein Kumpel. Paulus, der in engster Gemeinschaft mit Jesus Christus lebte, nennt sich „Sklave Jesu Christi".

Röm. 1, 1

Auf diesem Hintergrund sagt Jesus nun: „Ihr seid meine Freunde, wenn ihr tut, was ich euch gebiete" (Vers 14). „Von jetzt an sage ich nicht, daß ihr Sklaven seid. Ein Sklave weiß nicht, was sein Herr tut. Euch aber habe ich gesagt, daß ihr Freunde seid; denn ich habe euch alles mitgeteilt, was ich von meinem Vater gehört habe" (Vers 15).

Abraham = Freund Gottes

Wenn ich das lese, denke ich an Abraham. Er wurde eines Tages von drei Männern besucht. Während der Unterhaltung stellt sich heraus, daß Gott selbst in den drei Männern zu Abra-

1. Mose 18, 17 ff.

ham gekommen ist. Und dann läßt Gott Abraham an seinen Plänen teilnehmen. Er sagt ihm, was mit Sodom und Gomorra geschehen wird. Abraham wird in der Bibel „Freund Gottes“ genannt.

Jak. 2, 23

Du bist ein Freund deines Herrn

Wenn du mit Jesus Christus lebst und tust, was er sagt, bist du ein Freund deines Herrn. Gott offenbart dir seine Pläne. Er gibt dir sein Wort. Er gibt dir seinen Geist. Du gehörst zu seiner Familie. Du bist sein Mitarbeiter. Die Freundschaft mit Jesus gibt dir die Fähigkeit, seine Liebe auszustrahlen. Je stärker er in dein Leben hineinstrahlt, um so intensiver kannst du sein Licht weitergeben.

1. Joh. 3, 1
1. Kor. 3, 9

Freundschaft setzt Treue voraus

Vergiß dabei nicht, daß eine Freundschaft reift und wächst. Das Klima, das sie zum Wachstum braucht, heißt Treue. Jesus Christus ist treu. Er wird in allen Situationen zu dir stehen. Bist du es auch? Jakobus schreibt: Freunde der Welt sind Feinde Gottes! Wer die Liebe Gottes ausstrahlen will und wünscht, daß sein Leben Kreise zieht, kann nicht in Koalition mit der Welt leben. Er muß den Mut haben, sich kompromißlos auf die Seite Gottes zu stellen.

Jak. 4, 4

Persönliche Fragen

1. Wie stark ist in deinem Denken die Tatsache verwurzelt, daß Gott dich vor deiner Geburt erwählt und für eine Aufgabe berufen hat?

2. Kontrolliere deine Aktionen, in wie weit sie mit den drei Merkmalen der Beziehung zwischen Jesus und dem Vater verknüpft sind (Gehorsam, Gebet, Bekenntnis)?
3. Wie bewähre ich mich als Freund Jesu Christi (Feind der Welt, kompromißloses Leben)?

Gruppenfragen

1. Appellieren wir bei unseren missionarischen Aktionen vorwiegend an den Willen und die Entscheidungsmöglichkeit des Menschen, oder erwarten wir vor allem von Gott, daß er Menschen für seine Gute Nachricht aufschließt? (Keine Alternative — aber Schwerpunktsetzung).
2. Sind die drei Merkmale der Beziehung zwischen Jesus und dem Vater in unseren missionarischen Programmen und Einsätzen zu Hause? (Gehorsam, Gebet, Bekenntnis).
3. Wie sprechen wir in der Gruppe mit und über Jesus? (Plump, vertraulich, distanziert, ehrfürchtig, partnerschaftlich, freundschaftlich, etc. Wichtig: Keine dieser Vokabeln deckt ganz ab, wie unser Ver-

hältnis zu Jesus Christus sein sollte.)

3. Die Zusagen Jesu

In diesem Buch geht es nicht um fromme Appelle und vage Hoffnungen. Was Jesus in Johannes 15 sagt, hat nichts mit moralischer Aufrüstung zu tun. Der Erfolg bindet sich nicht an die moralische Anstrengung des Menschen. Hier wird **der** Erfolg haben, dessen Leben sich an Jesus Christus bindet. Er hat Erfolg im eigentlichen Sinne des Wortes. Sein Leben wird nicht ohne Folgen bleiben.
Bei einigen von uns kommt vielleicht leiser Zweifel auf. Kann man da so sicher sein? Wird hier nicht sehr vollmundig von der Frucht gesprochen? Haben wir Gott denn in der Hand?

Gott bindet sich an sein Wort

Nein, Freunde, Gott haben wir niemals in der Hand! Aber er bindet sich an sein Wort. Und darin gibt er uns konkrete Zusagen.

a) Jesus sagt dir Frucht zu

Darüber müssen wir an dieser Stelle nicht lange sprechen, da das bereits vorher geschehen ist. Jesus sagt: „Ich habe euch gesetzt, daß ihr hingeht und Frucht bringt" (Vers 16).

Wir sind am Wachstum der Frucht beteiligt

Wir haben gesagt, Frucht ist die Erzeugung und das Wachstum neuen Lebens. Die Beteiligung an diesem Prozeß wird uns also zugesagt. Durch uns wird neues Leben geboren und gefördert. Frucht produziert man nicht. Sie wächst. Zum Wachstum gehört aber eine ganze Portion Vertrauen. Wer Knospen ausreißt, um zu sehen wie weit das neue Leben ist, zerstört die Frucht. Die Zusage Gottes bindet sich an die schon bekannte Voraussetzung, in Jesus Christus zu bleiben (Vers 5). Außerdem sollen wir uns von ihm in Bewegung setzen lassen. Wir haben den Auftrag „hinzugehen" (Vers 16).

Gott erlebt man nicht im Stillstand

Freunde, Gott erlebt man nicht im Fernsehsessel. Die Zusage Gottes erfährt nur der, der den Einsatz wagt und sich auf den Weg macht. Wer unterwegs ist, erlebt Gottes Führung, denn nur ein fahrendes Auto läßt sich lenken.

b) **Jesus sagt dir Gebetserhörung zu**

Joh. 15, 16

Das hat mich lange Zeit irritiert. Da steht: „Was ihr den Vater bitten werdet in meinem Namen, er's euch gebe . . ." (Vers 16). Diese Zusage begegnet uns ja nicht nur hier. Wir finden sie auch an anderen Stellen des Johannes-Evangeliums. Stimmt das wirklich? Wer hat noch nicht erlebt, daß er Gott intensiv um eine Sache gebeten hat und doch nicht erhört wurde?!

Joh. 14, 13; 15, 7

Voraussetzungen von Gebetserhörung

Wir vergessen oft, daß die Zusagen Gottes an Voraussetzungen geknüpft sind. Auch hier steht nicht nur der zitierte Satz, sondern viel mehr.

Beten im Namen Jesu

1. Da ist einmal der Zusatz „in meinem Namen" (Vers 16). Wenn der Richter im Namen des Volkes ein Urteil spricht, dann geschieht das stellvertretend für das Volk. Und wenn wir im Namen Jesu etwas von Gott erbitten, muß unser Anliegen auch dem Willen Gottes entsprechen. Die Erhörung unserer Gebete ist eng an die Person Jesu gebunden.

Hingehen

2. Bevor wir von dem Vater etwas im Namen Jesu erbitten, sollten wir hingehen und Frucht bringen (Vers 16). Ich kann die Erhörung meiner Gebete nicht durchspielen, wie ich einen Glücksautomaten teste. D i e Christen werden Gebetserhörung erfahren, die unterwegs sind, um ihren Auftrag zu erfüllen.

Bleiben in Christus

3. Die Grundvoraussetzung ist auch hier das „Bleiben in Christus" (Vers 5). Hier liegt die Basis für alles andere. Wer in Christus bleibt, wird auch hingehen um Frucht zu bringen. Er wird ein sensibles Gespür für den Willen Gottes bekommen. Er wird d a n n im Namen Jesu bitten, wenn er unter der Leitung des Heiligen Geistes erfährt, was Gott in einer bestimmten Situation will.

c) Jesus sagt dir Freude zu

Fragt man sich, warum sich Jesus so viel Zeit nimmt, mit seinen Jüngern zu sprechen und sie für das weitere Leben zu schulen, dann verblüfft die Antwort, die der Herr darauf gibt: „Solches rede ich mit euch, damit meine

Freude in euch sei und eure Freude vollkommen werde" (Vers 11).

Jesus will, daß wir zur Freude kommen. Das ist der Grund seiner Seelsorge an uns. Aber warum haben wir dann die Freude aus unseren Gottesdiensten und Gemeindeveranstaltungen entfernt? Können wir uns noch freuen?

Freude in den Veranstaltungen der Christen

Die Vokabel Freude gebrauchen wir. Sie klingt noch in unseren Predigten, Liedern und Gebeten an. Aber die Freude kommt so selten zum Ausdruck. Wir verbinden Christsein eher mit Ernst und Würde, als mit Freude. Da predigt jemand mit feierlichem Gesicht von der Freude im Herrn. Aber er gebraucht dabei eine Sprache, die nur die Eingeweihten verstehen. Da singt ein Chor mit langen Gesichtern „Jesu meine Freude". Und wenn einmal die übliche Form von Gottesdienstordnung, Musik, Sprache und Sitzordnung durchbrochen wird, ist man erbost. Hat das noch etwas mit Freude zu tun?

Enttäuschung bei unseren Gästen

Vor einiger Zeit sprach ich mit einer jungen Frau aus Korea. Sie erzählte mir von den Gottesdiensten in ihrer Heimat. Sie sagte: „Wir sind arm. Wir sitzen auf dem Boden. Aber wir sind froh. Wir klatschen die Lieder mit und freuen uns." Und dann berichtete sie von ihren ersten Gottesdienstbesuchen in Deutschland. Sie hatte sich darauf gefreut und gerade von den deutschen Christen viel erwartet. Aber sie suchte vergeblich die Freude der Christen zu entdecken. Die Predigt des Pfarrers, die Lieder der Gemeinde, alles erschien ihr so freud- und leblos, daß sie sich nach Korea zurücksehnte.

Freude = Innerlichkeit

Mit welchem Recht behaupten wir, die christliche Freude sei Innerlichkeit?! Mir scheint das oft eine vage Entschuldigung für ein freudloses Christsein zu sein. Was meinst du, wenn in der alttestamentlichen Gemeinde die Instrumente des 150. Psalms zum Klingen kamen. Das war Musik!

Konstruktiv denken

Doch wir sollten konstruktiv denken. Beginne in deiner Gemeinde natürlich zu leben. Versuche eine Atmosphäre zu schaffen, in der sich auch neue und fremde Gottesdienstbesucher wohlfühlen. Beteilige dich in den Bibelkreisen mit offenen und ehrlichen Beiträgen. Rege Gemeinschaftsmodelle an, wie Tee oder Kaffee nach dem Gottesdienst, gemeinsames Mittagessen, Gemeindefreizeiten, Hauskreise, etc. Und vergiß nicht, daß Gott immer mit einzelnen Menschen begonnen hat, Situationen zu verändern.

Neue Formen können nicht Freude „machen"

Doch noch eins zum Schluß dieses Kapitels. Die Freude, von der Jesus hier spricht, ist nicht mit neuen Formen des gemeindlichen Lebens abgedeckt. Das wäre ein Mißverständnis. Die Ursache der Freude liegt im: Bleiben in Christus, in seinem Wort, in seiner Liebe. Wer sich an diese Voraussetzung bindet, bekommt die Freude zugesagt. Ich kenne Christen, die versuchen die Freude durch neue Lieder und Händeklatschen zu ersetzen. Doch

das ist genauso schlecht, wie die Konservierung der Freude Gottes.
Jesus Christus will Menschen, die aus seinen Quellen Freude schöpfen und diese Freude ungehindert in eine freudlose Welt fließen lassen. Er wartet dabei auch auf deine Mitarbeit.

Quelle der Freude

Persönliche Fragen

1. Bist du bereit „hinzugehen", wenn Gott dich in Bewegung setzen will, und überläßt du Gott, wohin er dich führt? (Der falsche Platz kann Ursache für ein „fruchtloses" Leben sein.)
2. Kontrolliere dich, wie groß dein Vertrauen zu Gott bei deinen Gebeten ist? (Gebet als beruhigende Handlung oder als Schlüssel zu der Macht Gottes).
3. Woran zeigt sich, daß dein Christsein von der Freude geprägt ist?

Gruppenfragen

1. Wieviel Raum nimmt die Führung Gottes bei der Planung missionarischer Aktionen ein? (Stille — hören — handeln).
2. Haben wir jemals das Gebet im

Namen Gottes praktiziert (Voraussetzung eingeschlossen)?

3. Welche Atmosphäre ist in unserer Gruppe vorherrschend? (Konkret beschreiben, dabei möglichst neue oder fremde Gruppenbesucher zu Wort kommen lassen — evtl. zunächst anonyme Meinungsäußerung.) Wie können wir das Gruppenklima verbessern?

III. DIE ANFECHTUNG EINES LEBENS, DAS KREISE ZIEHT

Johannes 15, 18—25:

(18) Wenn euch die Welt haßt, so wißt, daß sie mich vor euch gehaßt hat. (19) Wäret ihr von der Welt, so hätte die Welt das Ihre lieb. Weil ihr aber nicht von der Welt seid, sondern ich euch auserwählt habe, darum haßt euch die Welt. (20) Denkt an mein Wort, das ich euch gesagt habe: Der Knecht ist nicht größer als sein Herr. Haben sie mich verfolgt, so werden sie euch auch verfolgen; haben sie mein Wort gehalten, so werden sie eures auch halten. (21) Aber das alles werden sie euch tun um meines Namens willen; denn sie kennen den nicht, der mich gesandt hat. (22) Wenn ich nicht gekommen wäre und hätte es ihnen gesagt, so hätten sie keine Sünde; nun aber können sie nichts vorwenden, ihre Sünde zu entschuldigen. (23) Wer mich haßt, der haßt auch meinen Vater. (24) Hätte ich nicht die Werke getan unter ihnen, die kein anderer getan hat, so hätten sie keine Sünde. Nun aber haben sie es gesehen und hassen doch beide, mich und

meinen Vater. (25) Doch muß erfüllt werden der Spruch, in ihrem Gesetz geschrieben (Ps. 69, 5): „Sie hassen mich ohne Ursache."

Eine konstruierte Geschichte

Konstruieren wir einmal eine Geschichte: Da ist Brigitte. Sie ist ca. 16 Jahre alt. Durch eine Freundin wird sie zu einer Freizeit eingeladen. Die Freizeit wird von einer christlichen Jugendgruppe veranstaltet.

Brigitte erlebt dort eine phantastische Gemeinschaft. Sie singt die Lieder begeistert mit, sie ist fasziniert von den offenen und guten Gesprächen, und zum erstenmal erlebt sie mit, wie junge Leute ganz natürlich mit Gott reden. Noch in der Freizeit spricht sie mit ihrer Freundin darüber. Die Freundin versucht Brigitte zu erklären, warum hier alle so fröhlich sind. Sie sagt: „Wir haben erfahren, daß Jesus Christus lebt. Er gibt uns Freude. Mit ihm sprechen wir über alle Probleme und Sorgen. Er hilft uns. Wenn du mit Jesus Christus lebst, bist du nie allein." Das Gespräch endet mit einem Gebet. Brigitte legt ihr Leben in die Hand Gottes. Sie wird Christ.

Doch dann endet die Freizeit. Brigitte kommt wieder nach Hause. Sie wird von ihren Eltern nicht verstanden. Ihr Bruder macht sich über sie lustig. In der Schule hält man sie für verrückt. Der Religionslehrer analysiert ihre Begegnung mit Jesus Christus. In ihrem Bekanntenkreis wird sie immer einsamer. Was meinst du? Wird Brigitte weiter mit Jesus Christus leben?

Seit etwa drei Jahren habe ich fast ausschließlich mit jungen Leuten zu tun. Ich begegne ihnen auf offenen Abenden, in Jugendevangelisationen und Freizeiten. Dabei habe ich eine merkwürdige Erfahrung gemacht. Es gibt außerordentlich viel junge Christen, die in ihrem Christsein auf der Strecke bleiben. Sie beginnen in einer gewissen Hochstimmung mit Jesus und fallen in ihrem alltäglichen Leben auf die Nase. In manchen Fällen wurden sie sehr einseitig informiert. Man sagte ihnen: „Wenn du Jesus Christus hast, dann bist du nicht mehr einsam. Jesus macht dein Leben froh." Aber das alltägliche Leben sah anders aus. Manche Probleme schienen mit dem Christsein erst gekommen zu sein. Damit wurden sie nicht fertig. Und so starb langsam, was in ihnen begonnen hatte.

Unrealistische Verkündigung

Das darf uns jetzt nicht passieren. Wir wollen uns hier nicht gegenseitig hochjubeln, um in der nächsten Woche zu resignieren. Deshalb muß auch etwas über die Anfechtung des expansiven Lebens gesagt werden. Jesus spricht sehr offen darüber. Seine Seelsorge sieht anders aus, als die Seelsorge vieler Christen. Er sagt nicht: Über die Anfechtung will ich jetzt nicht reden. Sie wird noch früh genug auf euch zukommen. Er gibt den Jüngern ein realistisches Bild ihrer Zukunft. Damit uns die Rede Jesu auch an dieser Stelle gut verständlich wird, möchte ich zunächst zwei Begriffe verwenden, die uns sehr vertraut sind.

1. Christ und Welt

Beide Begriffe müssen wir klären, damit wir sie richtig gebrauchen. Das Wort ,Christ'
Apg. 11, 26 taucht zum erstenmal in der Apostelgeschichte auf: „Und es wurden die Jünger zuerst in Antiochien Christen genannt." Ein Christ ist also ein Jünger. Der Jünger nahm nicht nur die Lehre seines Rabbis an, er folgte auch seinem Lebensstil. Ein Jünger Jesu ist also ein Nachfolger Jesu. Und wenn ich jetzt die

Christen sind Nachfolger Jesu

Vokabel „Christ" gebrauche, dann meine ich damit Menschen, die Jesus Christus in allem nachfolgen.

Ich wähle dieses Wort mit Absicht. Es trifft am besten die Situation, die in den Versen 18—25 beschrieben wird. Denn der Text richtet sich an Jünger und damit an Christen. Außerdem verknüpft gerade dieser Abschnitt die Situation des Jüngers unmittelbar mit seinem Herrn: „Haben sie mich verfolgt, so werden sie euch auch verfolgen" (Vers 20). In der Ableitung „Christ von Christus" wird das besonders deutlich. Und drittens geht es hier um die Feindschaft und den Haß, den die Welt gegenüber den Christen empfindet. Das Wort Christ ist vermutlich ein Spottname und paßt auch deshalb besonders gut in die Situation unseres Textes. Auf einen Nenner gebracht heißt das: 1. Wenn du ein Christ bist, dann bist du ein Nachfolger Jesu Christi. 2. Du bist nach deinem Herrn genannt, und 3. dir wird es ähnlich ergehen wie ihm.

Welt

Kommen wir zu dem zweiten Begriff „Welt". Dieses Wort wird in der Bibel mit verschiedenen Inhalten gefüllt. „Welt" kann einmal Kosmos heißen. Damit ist die gesamte Schöpfung Gottes gemeint. Bei Paulus ist es die Menschheit, für die Jesus Christus gestorben ist: Christus versöhnt die Welt — also die Menschen — mit seinem Vater. Dieser Welt gilt das Heil Gottes. Und drittens wird damit die von Gott abgefallene Ordnung angesprochen, in der Satan regiert. Er wird auch Fürst dieser Welt genannt. Bei Johannes hat das Wort Welt vorwiegend die letzte Bedeutung. Auch hier in Kapitel 15 wird von der Menschheit gesprochen, die sich von Gott abgewandt hat. Sie gehört zum Wirkungsbereich des Satans.

Ps. 2, 8

2. Kor. 5, 19

Joh. 14, 30

Welt ist mehr als eine bestimmte Lebensform

Welt heißt also nicht Mode, Musik, Kino, Fernsehen, Tanzen. Viele Christen meinen das, wenn sie Welt sagen. Doch damit wird die Welt verharmlost. All diese Dinge können Instrumente der Welt sein, aber sie sind nicht das eigentliche. Die eigentliche Welt sitzt tiefer. Sie kann in christlichen wie in nichtchristlichen Lebensgewohnheiten zu Hause sein. Wir finden sie in gutbürgerlichen Traditionen genauso wie in den Vergnügungszentren der Großstädte.

Nun sind die Christen zwar nicht von der

Christen leben in der Welt

Welt, wie Jesus in Johannes 17 sagt, aber sie leben i n der Welt. Warum eigentlich?
Böse Zungen sagen, für die Christen ist die Welt ein Wartesaal. Sie warten auf den Himmel und wissen mit der Zeit nichts Rechtes anzufangen. Um diese gefährliche Vorstellung zu zerstören, müssen wir noch einmal auf unseren Auftrag zu sprechen kommen.

2. Dein Auftrag in der Welt

Jesus predigte und handelte

Um zu lernen welchen Auftrag die Christen in der Welt haben, sollten wir auf Jesus sehen. Er hat gepredigt (Vers 22), und er hat gehandelt (Vers 24).
Von wem hat er gepredigt, und in welcher Kraft hat er gehandelt? Auch das wird in Johannes 15 gesagt. Jesus hat den Vater verkündigt. Das erregte großes Aufsehen. Denn die damaligen Zuhörer Jesu behaupteten, Gott gut zu kennen. Doch er sagt über sie: „Sie kennen den nicht, der mich gesandt hat (Vers 21). Und weil sie den Sohn Gottes gehört haben (Vers 22) und seine Taten gesehen haben (Vers 24) und ihn trotzdem ablehnten, sind sie schuldig."

Unser Auftrag orientiert sich an Jesus

Unser Auftrag orientiert sich an Jesus. Auch wir sollen Gottes Liebe weitersagen und in der Kraft Gottes leben. An unseren Auftrag bindet sich aber auch unsere Verantwortung. Jesus sagt: „Hätte ich es ihnen nicht gesagt, so hätten sie keine Sünde" (Vers 22).

Und „hätte ich nicht die Werke unter ihnen getan, so hätten sie keine Sünde“ (Vers 24). Es entspricht also dem Plan Gottes, daß alle Menschen mit seiner Liebe bekanntgemacht werden.

Wenn du Christ bist, dann bist du Botschafter der Liebe Gottes, für die Menschen deiner Umgebung. Es genügt nicht, ihnen zu sagen, daß du Mitglied irgendeiner christlichen Gruppe oder Kirche bist. Die Menschen sollen durch dein Leben die Liebe Gottes erfahren. Du bist für sie verantwortlich im wahrsten Sinne des Wortes, d. h. Gott wird im Blick auf ihr Leben von dir eine Antwort verlangen. Er wird dich fragen, ob du seine Liebe weitergegeben hast.

Du bist verantwortlich!

Vor Jahren war ich an einem Himmelfahrtstag mit meinem Bruder unterwegs. Wir fuhren mit unseren Rädern durchs Sauerland. Uns begegneten immer wieder Gruppen von Männern, die nicht Himmelfahrt, sondern Vatertag feierten. An einer besonders schönen Stelle machten wir Pause. Als wir gerade kräftig in unsere Butterbrote bissen, kam ein junger Mann mit einem Strohhut auf uns zu. Er unterhielt sich mit uns. Als er hörte, daß wir aus Wuppertal kamen, meinte er, dort sei wenigstens etwas los. Uns wurde etwas mulmig, während wir ihm weiter zuhörten. „Wißt ihr“, fuhr er fort „dies hier ist eine besonders fromme Gegend. Die Leute, bei denen ich wohne, beten sogar vor dem Essen.“ Mein Bruder und ich waren damals schon Christen. Wir haben schweigend zugehört und kein Wort von unserem Glauben an Jesus Christus gesagt. Heute wünsche ich mir, diesen Mann zu treffen, aber ich weiß nicht wie und wo.

Das ist unsere Verantwortung! Wenn unser Leben mit Jesus Kreise ziehen soll, müssen wir unseren Auftrag an einer Welt erkennen, die ohne Christus verloren ist.

In unseren Gruppen wird diskutiert, was aus den Menschen wird, die nie die gute Nachricht Gottes erfahren haben. Kluge Köpfe meinen damit die Gerechtigkeit Gottes in Frage stellen zu können. Freunde, viel wichtiger ist die Frage, was aus denen wird, denen wir nichts von Christus gesagt haben. Wir sind — wie Hesekiel für die Menschen seinerzeit — für unsere Zeitgenossen verantwortlich. Gott wird, wenn wir sie nicht warnen, ihr Blut von unserer Hand fordern. Du kommst nicht zufällig mit Menschen ohne Christus zusammen. Du lebst an deinem Platz als Licht Gottes.

Hes. 33, 7 u. 8

Allerdings gilt deine Verantwortung nur deinem Zeugnis. Du sollst von Gott reden und leben. Was daraus wird ist Gottes Sache. Es kann sein, daß dich die Welt ablehnt. Das Wort Zeuge heißt im griechischen Grundtext des Neuen Testamentes „Märtyrer". Damit kommen wir zum nächsten Abschnitt.

Zeuge = Märtyrer

3. Anfechtung durch die Welt

Jesus sagt: „Wenn euch die Welt haßt, dann denkt daran, daß sie mich vor euch gehaßt hat" (Vers 18). „Haben sie mich verfolgt, so werden sie euch auch verfolgen" Vers 20). Warum haßt uns die Welt eigentlich? Warum verfolgt sie uns? Ich wundere mich manchmal, wie ernst uns die Welt nimmt. Sie lacht doch auch sonst über uns. Müßten wir in ihren Augen nicht harmlos erscheinen? Nein! Ganz und gar nicht! An dieser Stelle müssen wir uns die eigentliche Front bewußt machen, mit der wir es zu tun haben.

Einsam für Christus

Denk einmal darüber nach, welche Personen dein Leben mit Jesus Christus ablehnen. Vielleicht fallen dir einige aus deiner Klasse ein. Sie lächeln über dich. Sie halten dich für naiv. Vielleicht bist du der einzige Christ in deiner Schulklasse. Das kann sehr schwer sein. Oder da sind die Arbeitskollegen, dein Meister, deine Vorgesetzten. Du bist fast täglich mit ihnen zusammen. Da kommt es schnell dahin, daß dich die Feindschaft der Welt hart bedrückt. Viele von uns werden in nichtchristlichen Familien leben. Das ist besonders schwer.

Ich kenne ein Ehepaar, das vor einigen Jahren mit dem gemeinsamen Leben große Schwierigkeiten hatte. Die beiden verstanden sich nicht mehr. Sie wollten auseinandergehen. Doch dann hörten sie von Jesus Christus und begannen ein neues Leben mit ihm. Eines Tages traf man sich in dieser Familie zu einer großen Feier. Man setzte sich an den Tisch. Als die Gäste mit dem Essen beginnen wollten, stand der Ehemann auf und sagte: „Hört zu, ich muß euch was sagen. Meine Frau und ich, wir sind wirkliche Christen geworden. Wir haben erfahren, daß Jesus Christus heute lebt. Und deshalb wollen wir ihm, bevor wir jetzt essen, danken." Das schlug ein wie eine Bombe. Der Mann sagte mir später: „Du kannst dir nicht vorstellen, wie schwer es mir gefallen ist, das zu sagen. Mein Herz klopfte so, daß ich kaum sprechen konnte."

Kennst du das auch? Hast du Eltern, die bei jeder Gelegenheit dein Christsein in Frage stellen? Hast du Geschwister, die sich über deinen Glauben lustig machen? Du, das ist schwer, ich weiß. Aber gerade Menschen in solchen Frontsituationen gebraucht Jesus Christus zur Ausweitung seiner Gemeinde.

Doch ganz gleich, wie hart uns die Menschen zusetzen und wie sehr sie uns anfeinden.

Die eigentliche Front liegt tiefer

Sie bilden noch nicht die eigentliche Front, mit der wir es als Christen zu tun haben. Paulus schreibt an die Epheser:

Eph. 6, 12

„Wir kämpfen nicht gegen Menschen, wir kämpfen gegen unsichtbare Mächte und Gewalten, gegen die bösen Geister zwischen Himmel und Erde, die in dieser Welt herrschen." Überlege einmal folgendes:

1. Joh. 3, 8

Der Sohn Gottes kam in die Welt, um die Werke des Teufels zu zerstören. Wenn du

Christ bist, gehörst du zu diesem Sohn Gottes. In seinem Namen machst du deine Umwelt mit der Liebe Gottes bekannt. Meinst du, der Satan würde nicht alles versuchen, um dich als Christ anzugreifen? D a s ist die eigentliche Front, mit der du es zu tun hast. Ich will dir nicht Angst machen, aber du sollst einen nüchternen Blick für die Wirklichkeit bekommen, in der du lebst. Jesus hat die Härte des Christseins auch nicht verschleiert.

Laßt mich noch einmal ein bereits gebrauchtes Beispiel aufgreifen. Wir haben uns auf Christival täglich eine halbe Stunde Zeit genommen, um mit Gott zu sprechen und auf sein Wort zu hören. Viele werden das auch zu Hause versucht haben. Aber dabei kommt es zu erheblichen Schwierigkeiten. Man kommt nicht aus dem Bett, hetzt schließlich zum Frühstück und verläßt kauend das Haus. Wie soll man da zur Stillen Zeit finden?! Du mußt wissen, wenn es dir so schwer fällt, täglich einen Termin zur persönlichen Stille mit Gott zu finden, dann hast du dabei nicht nur gegen deine Müdigkeit anzukämpfen. Du hast es zweifellos auch mit den Angriffen Satans zu tun. Denn er wird alles versuchen, um die Schlüsselposition deines Christseins zu zerstören.

Beispiel: Stille Zeit

Und wenn wir über die Anfechtung durch die Welt sprechen, dann müssen wir noch ein weiteres Wort Jesu einbeziehen: „Wäret ihr von der Welt, so hätte die Welt ihr Eigentum lieb. Da ihr aber nicht von der Welt seid, und

Fremde in der Welt

weil ich euch aus der Welt herausgerufen habe, haßt euch die Welt“ (Vers 19).

Das kennen wir aus dem gesellschaftlichen Bereich. In der Bundesrepublik leben viele ausländische Mitbürger. Die haben es zum großen Teil schwer. Ihnen begegnen Mißtrauen, Benachteiligung, Spott, Unverständnis und in manchen Fällen sogar Haß. Warum eigentlich? Haben sie was getan? Gibt es einen vernünftigen Grund? Nein! Sie sind halt Fremde. Sie sprechen anders, sie essen anders, sie leben anders. Und das ist für viele Menschen Grund genug, ihnen mißtrauisch zu begegnen.

Ein Buch von Johannes Busch über das Leben Abrahams trägt den Titel „Ausländer auf Befehl“. Menschen, die dem Ruf Gottes gehorchen, sind Ausländer. In der Welt sind sie Fremde. Sie gehören hier und heute schon zum Reich Gottes. Deshalb werden sie von der Welt gehaßt. Das ist auch deine Situation, wenn du zu Jesus gehörst. Jesus hat dich herausgerufen. Er hat dich erwählt. Du bist der Bürger eines neuen Landes. Aber du bist noch nicht am Ziel. Noch bist du unterwegs in der Welt. Es ist schwer, als Fremder in der Welt zu leben.

Warnung vor Kompromißlösungen

Es hat immer wieder Christen gegeben, die versuchten, diese Spannungen zu lösen. Aus diesem Grund solidarisierten sie sich mit einzelnen Gruppen. Sie verbündeten sich mit den Herrschenden oder mit den Revolutionären, mit den Marxisten und den Entrechteten.

Doch das ist ein falscher Weg. Es gibt sicher manchmal gemeinsame Ziele. Christen kämpfen gegen den Hunger. Sie sind für soziale Gerechtigkeit. Sie setzen sich für die Entrechteten ein — wenigstens sollten sie das. Doch ihr Auftrag reicht weiter. Sie sind unterwegs zu der neuen Welt Gottes. Und sie wissen, daß alles, was sie hier tun, nur Modellcharakter hat. Es ist auch bei aller Anstrengung nicht das Endgültige. Sie wissen auch, daß die eigentliche Ursache des Elends in der Welt die Trennung von Gott ist. Deshalb sind sie Botschafter an Christi Statt und rufen: Laßt euch mit Gott versöhnen! Nein, wir dürfen der Anfechtung nicht ausweichen. Die Frontsituation ist da. Und sie wird bleiben, wenn wir eindeutig auf der Seite Jesu stehen.

Sozialer Einsatz hat immer Modellcharakter

2. Kor. 5, 20

Allerdings sollte sich kein Christ mit seinen Leiden brüsten. Haß und Verfolgung haben nur dann Sinn, wenn sie um Jesu willen auftreten. Manche Christen leiden aus anderen Gründen. Sie werden verlacht, weil sie komische Käuze sind. Sie halten aus Prinzip einen Lebensstil für fromm, der überholt ist. Für sie ist in modischen und musikalischen Fragen jeweils das richtig, was gestern modern war. Sie sprechen in einer Sprache von ihrem Glauben, die kein Zeitgenosse verstehen kann. Oder sie bilden sich ein, als Christen besser zu sein als andere. Und wenn sie von der Welt sprechen, so klingt das verächtlich und herablassend. Wer aus diesen Gründen

Verfolgung um Jesu willen und nicht um unsretwillen

gehaßt und verfolgt wird, sollte sich nicht einbilden, für Jesus zu leiden. Nicht die Verfolgung an sich ist ein Zeichen des richtigen Lebens. Jesus spricht von dem Leiden um seinetwillen. Und wenn wir zur Zeit auch wenig davon spüren, so sollten wir nicht vergessen, daß auch in diesen Augenblicken Tausende von Christen verfolgt und mißhandelt werden, weil sie sich zu Jesus Christus bekennen.

Die verfolgte Gemeinde nicht vergessen!

1. Petr. 1, 6

Anfechtung nicht verdrängen

Solange die Christen in der Welt unterwegs sind, werden sie Angefochtene sein. Da hilft kein Überspielen und Verdrängen. Unsere Kinder schlossen früher, wenn's brenzlig wurde, einfach die Augen. Sie glaubten, damit sei die Gefahr gebannt. Heute lachen sie darüber. Und doch entspricht das der Praxis mancher Christen. Aber wir haben keinen Grund, die Augen zu schließen. Wir haben einen Herrn, der stärker ist als jede Anfechtung. In seiner Kraft wird unser Leben Kreise ziehen — gegen alle Widerstände.

4. In der Anfechtung geborgen

Das Leiden des Jüngers ist eng mit dem Leiden seines Herrn verknüpft. Jesus sagt: „Denkt daran, sie haben mich vor euch gehaßt" (Vers 18) und „Der Knecht ist nicht größer als sein Herr" (Vers 20).
Zusammengefaßt heißt das: Vergiß nicht, ich bin den Weg vorausgegangen.
Es wird nun alles darauf ankommen, daß die-

se theologische Aussage in deinem Leben zu einer praktischen Erfahrung wird.

Und nach Christival?

Christival ist vorüber. Wir haben dort viel miteinander erlebt. Ich hätte es vorher nie für möglich gehalten, daß über 11000 Menschen in einer solchen Gemeinschaft miteinander leben können. Mich hat beeindruckt wie man miteinander umging. Die Gemeinschaft war von der Liebe Gottes geprägt. Dafür gäbe es manche Beispiele. Viele konnten am letzten Tag die Augen kaum noch offen halten vor Müdigkeit. Aber es war schön, deshalb hielt man sich aufrecht. Jetzt ist das alles vorbei. Die Christival-Teilnehmer leben nicht mehr mit Tausenden von Christen zusammen. Jeder ist wieder an seinem Platz und arbeitet an seinem Frontabschnitt für Jesus Christus. Manche werden es dabei sehr schwer haben. Sie sind schweren Herzens von Christival zurückgekehrt.

Auch wenn du an diesem großen Kongreß junger Christen nicht teilgenommen hast, wirst du nach Freizeiten oder sonstigen Höhepunkten ähnliche Gefühle gehabt haben. In den Bibelarbeiten klingt alles so gut und richtig. Aber im alltäglichen Leben kommen erst die Versager und dann die Resignation. Leben, das Kreise zieht — ein schöner Titel. Aber wie sieht das aus mit den Kreisen, wenn man allein auf weiter Flur steht und die Leute gegen sich hat.

Du bist nicht allein!

Ich bitte dich, hör gut hin: Du bist nicht allein! Dein Herr ist bei dir! Das ist keine fromme Phrase, sondern größte Realität. Er ist mindestens so real, wie das Buch, das du in der Hand hältst. Er ist dir vorausgegangen. Er kennt deine Situationen. Er hat die Welt bereits besiegt. Er sagt: „In der Welt hast

Joh. 16, 33

du Angst, aber ich habe die Welt überwunden." Und wenn dich die Welt noch so sehr haßt, du hast es mit einer überwundenen Welt zu tun.

Ich lebe mit drei Mädchen zusammen, die ich sehr liebe. Eine ist sechs, eine acht und eine 35 Jahre alt.

Im vergangenen Jahr war ich mit ihnen — also mit meiner Frau und mit meinen beiden Töchtern — in einer großen Schweizer Höhle. Man läuft dort hunderte von Metern in den Berg hinein. Die Höhle ist nicht still wie andere Höhlen. In ihr rauscht ein tosender Bergbach. Durch die Wasserfälle ist immer ein lautes Brausen und Rauschen in der Luft. Der Führer, der uns während der Besichtigung begleitete, sagte gleich zu Anfang: „Es kann geschehen, daß während der Führung das Licht ausgeht. Dann haben sie bitte keine Angst. Bleiben sie ruhig an dem Platz stehen, an dem sie sich gerade befinden. Ich werde in der Zeit zu einem kleinen Sicherungskasten gehen und das Licht wieder einschalten." Als er uns das sagte, dachte ich, er sagt das, um in die Höhlenbesichtigung ein wenig Spannung hineinzubringen. Aber mitten in der Höhle ging tatsächlich das Licht aus. Wir blieben stehen. Da spürte ich, wie meine kleine Tochter meine Hand suchte und festhielt. Und dann sprach sie weiter als sei nichts geschehen. Sie war ganz ruhig und hatte keine Angst. Warum? War es nicht dunkel? Doch, es war stockdunkel. War es nicht laut in der Höhle? Natürlich war es laut. Die Luft war erfüllt von dem Rauschen des Wassers. Aber da war die Hand. Die Kleine hielt die Hand und wußte: Der Vater ist da.

Freunde, es hilft nichts, die Augen zu verschließen. Es hilft nichts vor der Welt zu fliehen. Laßt uns nicht so tun, als hätten wir es mit einer freundlichen und uns wohlgesinnten Welt zu tun. Wir dürfen die Anfechtungen nicht verdrängen. Aber Gott ist da. Jesus Christus ist da. Er hat gesagt: Ich bin bei euch alle Tage bis an der Welt Ende.“ Deshalb ist **Matth. 28, 20**
die Feindschaft und der Haß der Welt nur die eine Wirklichkeit. Jesus Christus ist genauso real. Das dürfen wir nicht vergessen. Auch dann nicht, wenn unsere Gefühle und Stimmungen dagegen sprechen. In seiner Kraft kann unser Leben Kreise ziehen — mag die Feindschaft der Welt auch noch so groß sein. Denn wir leben auf der Seite eines Herrn, der die Macht der Finsternis besiegt hat.

Persönliche Fragen

1. Für welche Menschen in deiner Umgebung bist du als Christ ver-

antwortlich? (Schreibe dir die Namen derer auf, mit denen du täglich zusammentriffst, bete für sie, und achte auf Impulse des Heiligen Geistes und Gesprächsmöglichkeiten.)

2. Ist dir bewußt, daß nicht die über dich spottenden Menschen deine Feinde sind, sondern der Satan, dessen Werkzeuge sie sind?
3. Wie begegnest du deinen Anfechtungen — verschließt du die Augen (ausweichen — verdrängen), oder rechnest du um so mehr mit dem, der die Welt überwunden hat?

Gruppenfragen

1. Welche Anleitung und Schulung gibt unsere Gruppe für das persönliche Bekenntnis? (Anknüpfungsmöglichkeiten, Gesprächsführung, etc.).
2. Wie helfen und stärken wir Glieder der Gruppe, die in ihren Familien und Bekanntenkreisen einsame Christen sind? (Offene Häuser und Familien, Gebetspartnerschaft, etc.).
3. Wie bereiten wir Anfänger im Glauben auf Anfechtungen vor?

Zeichnet unsere evangelistische Verkündigung (offene Abende, Bibelarbeiten, etc.) ein realistisches Bild des Christseins? (Schwierigkeiten nicht verschweigend!).

IV. KONSEQUENZ

In einer Gemeinde erlebte ich folgendes: Man hatte sich zum Gottesdienst versammelt. Der Saal war bis auf den letzten Platz gefüllt. Da die Decke für die Größe des Raumes zu niedrig war, wurde die Luft immer schlechter. Außerdem war es drückend heiß. Die Predigt hielt ein junger Mann, der sein Theologiestudium noch nicht abgeschlossen hatte. Er war ein wenig aufgeregt und sprach leise und stokkend. Dabei schlief eine alte Dame in der zweiten Reihe ein.

Nun passierte es, daß ein kleiner Junge, der von der Predigt noch nicht allzuviel verstand, mit seinem Fuß die Leiste eines Stuhles abbrach. Davon wachte die alte Dame auf. Sie sagte laut und für jedermann im Saal vernehmlich: „Oh Butje, Butje . . ." Sie meinte — noch nicht ganz wach — mit ihrem Wellensittich sei etwas und wollte ihn beruhigen. Auf einmal begriff sie wo sie war und stieß einen markerschütternden Schrei aus. Damit wurde auch der letzte Gottesdienstbesucher aus seinen Träumen geschreckt.

Manchmal habe ich den Eindruck, daß es viele schlafende Christen gibt. Sie sitzen in den Gottesdiensten und Bibelkreisen. Sie lesen sogar die Bibel und beten. Aber sie haben noch nicht begriffen, daß man Jesus Christus beim Wort nehmen kann. Sie kennen viele Bibelverse a u s w e n d i g, aber nicht i n w e n d i g.

Weißt du um was ich Gott bitte? Ich bitte ihn, daß er schlafende Christen — wie die alte Dame im Gottesdienst — aus dem Schlaf reißt. Dabei gebraucht Gott sicher andere Mittel als eine Stuhlleiste. Aber was wir brauchen, sind Menschen, die begreifen, daß es nicht um die Pflege eines religiösen Erbes geht — und sei es noch so evangelikal. Gott will Menschen, die aufwachen aus ihrer frommen Schläfrigkeit und hingehen und Frucht bringen.
Doch was reden wir von Menschen?! Laß uns über uns sprechen. Wir haben uns in diesem Buch mit den Worten Jesu aus Johannes 15 beschäftigt. Lies sie jetzt noch einmal. Mach dir dabei bewußt, daß Jesus Christus diese Worte an dich persönlich richtet. Danke ihm für seine seelsorgerliche Liebe, die damit zum Ausdruck kommt. Und dann verwirkliche kompromißlos, was dein Herr dir sagt. Nimm ihn beim Wort. Lebe was du glaubst. Du wirst eine erstaunliche Erfahrung machen: Jesus Christus wird dich gebrauchen. Dein Leben wird Kreise ziehen — sicher nicht immer so, daß du den Erfolg sehen kannst. Das wäre auch gefährlich. Aber du wirst ein Glied in der Kette derer, durch die Gott seine gute Nachricht auf der Erde ausbreitet. Damit bist du an dem größten und wichtigsten Auftrag beteiligt, den es je auf unserem Erdball gegeben hat und geben wird.

„Ins Wasser fällt ein Stein,
ganz heimlich still und leise;
und ist er noch so klein,
er zieht doch weite Kreise.
Wo Gottes große Liebe
in einen Menschen fällt,
da wirkt sie fort in Tat und Wort,
hinaus in unsere Welt.

Nimm Gottes Liebe an.
Du brauchst dich nicht allein
zu mühn,
denn seine Liebe kann
in deinem Leben Kreise ziehn.
Und füllt sie erst dein Leben
und setzt sie dich in Brand,
gehst du hinaus, teilst Liebe aus,
denn Gott füllt dir die Hand."

Manfred Siebald

WEITERE ARBEITSBÜCHER AUS UNSERER REIHE ‚ZUR MITTE'

Klaus Vollmer
VORAUSSETZUNG ZUR MITARBEITERSCHAFT
RKW 301 · Taschenbuch · DM 3,80

In diesem ersten Buch der Mitarbeiterreihe geht es um die grundsätzliche Klärung, welche ‚Qualität' ein Mitarbeiter haben muß und welche Grundeinstellung er immer zu treffen hat.
Gerade diese Mitarbeiterbücher werden in vielen Gemeinden immer wieder in größerer Anzahl zu Schulungszwecken benötigt. Jeder, der Mitarbeiter ist, sein oder werden will, sollte dieses Buch zur Klärung und Schulung lesen und durcharbeiten.
(Als Schallplatte, vom Autor selbst gesprochen:
RKW 13301, DM 12,–; als Tonkassette: RKW 80301, DM 12,–.)

Klaus Vollmer
DIENST IN WAHRHEIT UND VOLLMACHT
— eine unzeitgemäße Klärung —
RKW 304 · Taschenbuch · DM 5,50

Vielerorts wird Jugendarbeit getrieben. Was aber ist das Wesen der e v a n g e l i s c h e n Jugendarbeit? Worin unterscheidet sie sich von anderer Jugendarbeit? Was ist Dienst? Wie heißt die Wahrheit des Neuen Testaments? Wer hat denn nun die Vollmacht, die den Jüngern zugesagt wurde?
Klaus Vollmer klärt vorab Grundfragen: Über den falschen Ansatz, die Durchbrechung des Lustprinzips und die Mühe der Wahrheitsfindung. Im zweiten Teil geht es um die Frage der Vollmacht und im dritten Teil um das Aufzeigen ganz praktischer Wege.
Man könnte dieses Buch als ‚Grundsatzideologie' zum Aufbau der Gemeinde bezeichnen.
Wer dieses Buch gelesen oder durchgearbeitet hat, wird sich entweder wütend oder entrüstet abwenden, oder er wird der Logik der sachlichen Ausführungen praktisch folgen müssen.

Diotrich Busch
ER KÄMPFE DENN RECHT
— Sportbilder im Neuen Testament —
RKW 302 · Taschenbuch · DM 3,80

Dem Autor – selbst Sportlehrer – geht es darum, aufzuzeigen, daß der Christ eine Einheit aus Geist, Seele und Leib ist und daß er sich wirklich in dieser Ganzheit wissen, sehen und bewähren muß, um ans Ziel zu kommen. An den Sportbildern des Neuen Testaments zeigt Dietrich Busch sachlich und eindrucksvoll den Glaubenskampf auf. Gutes Arbeits- und Gesprächsmaterial – auch besonders für junge Leute und daher jungen Christen sehr zu empfehlen.

Peter Licht
VOM GEHEIMNIS DER SEELSORGE
RKW 303 · Taschenbuch · DM 3,80

Mehr denn je werden Seelsorger gebraucht. Dabei haben gerade junge Leute großartige Möglichkeiten zu Gesprächen. Viele werden direkt gefordert und angesprochen; es werden Rat und existenzielle Hilfe erwartet.
Peter Licht – Leiter des ev. Jugendzentrums Hannover – weiß um die Sorgen und Nöte gerade der jungen Generation. Er hat ihnen schon oft in der Seelsorge den Weg weisen dürfen. Jeder, der selbst die Seelsorge Jesu in Anspruch nimmt, ist zum Seelsorger berufen und wird dazu befähigt. Dieses Buch gibt praktische Hilfe.

Klaus Vollmer
ALTE WEGE — NEU ENTDECKT
— Handbuch zum geistlichen Gemeindeaufbau —
RKW 305 — Taschenbuch — DM 5,50

Klaus Vollmer zeigt in seinem dritten Mitarbeiterbuch unserer Reihe „Zur Mitte" auf, wie Gemeindeaufbau möglich ist und wie er nach Gottes Wort sein soll. Bei allen Diensten der Mitarbeiter muß das Hauptwort der BAU DER GEMEINDE sein; und das alles nur in der existenziellen Abhängigkeit von Jesus Christus. Welche Gaben sind Ihnen gegeben und wie nutzen Sie sie? Wollen wir den Bau der Gemeinde wirklich? Im vierten Teil des Buches geht es um sehr praktische Empfehlungen zur Gestaltung des Lebens als Christ. – Ein für alle Mitarbeiter außerordentlich wichtiges Handbuch zum Gemeindeaufbau. Es sollte durchgearbeitet werden.